KB043987

팔을 잃고 세상을 얻다

마음의 장애를 안고 사는 이들을 위하여

팔을 잃고 세상을 얻다

초판 1쇄 발행 | 2017년 11월 30일

지은이 | 김정찬
펴낸이 | 공상숙
펴낸곳 | 마음세상

주소 | 경기도 파주시 한빛로 70 507-204

신고번호 | 제406-2011-000024호
신고일자 | 2011년 3월 7일

ISBN | 979-11-5636-171-8 (03190)

원고 투고 | maumsesang@nate.com

ⓒ김정찬, 2017

팔을 잃고 세상을 얻다

김정찬 지음

마음세상

들어가는 글

내게 큰 아픔이 생겼다는 것, 그것만 생각하면 가슴이 아려옵니다. 하지만 주위에 많은 사람들이 있기에 나는 말하고 싶어요.

처음 사고 났을 때, 내 삶은 송두리째 바뀌어버렸습니다. 하늘을 미친 듯이 원망하고, 죽고 싶다는 생각을 많이 했으며, 왜 나에게, 남에게 손해를 끼친 적 없다고 느끼던 나에게, 마음 여리던 나에게 이런 일이 생겼는지 이해할 수 없었습니다.

한쪽 팔을 잃었습니다. 이후에도 사라진 팔에 지독한 환상통이 찾아옵니다. 시도 때도 없이 가슴이 쿵쾅쿵쾅거리기도 합니다. 세상에 내가 모르는 병이 많다는 것에 힘들었어요.

저는 아파트 11층 높이에서 떨어졌어요. 이 이야기를 하면 사람들은 놀랍니다. 놀라는 방법도 다양해요. 불사신이네, 신이 기회를 줬네, 기적이다, 어떻게 살았나? 등등 말이죠.

하지만 저는 의외로 덤덤해요. 당사자라서 그런가 봐요. 살아났다는 기적보다 힘들었던 시간이 훨씬 더 많아서 그럴 수도 있을 거에요. 차라리 그때 하늘나라로 갔으면 좋겠다는 생각도 했었으니까요. 이 말을 무심코 부모님께 해버렸는데 내 생애 가장 후회한 말이 되었어요. 부모님이 우셨으니까요. 부모님의 심정을 헤아리지 못했습니다.

수도 없이 죄송스럽고, 죄송스러워요. 오죽하면 아버지는 저에게 "아무것도 하지 말고, 같이 있기만 해도 좋다."라고 말씀하셨을까요. 내가 힘들어할 때면 부모님의 가슴 속에는 얼마나 많은 상처가 났을까요.

한동안 어머니는 휴대전화기를 보지 않으셨어요, 누군가에게 연락 오는게 두려우셨던 것 같아요. 그게 어떤 기분인지 알아요. 저도 얼마 전까지만해도 그랬고 문득 무서울 때가 있으니 말이죠. 어떤 느낌이냐면, 친한 지인이 다쳤다고 연락이 계속 온다고 생각해 보면, 제 마음을 조금은 이해할 수있을 거라고 생각해요. 그 외에도 병원 생활이 끝나고, 집으로 돌아와서도 죽은 것이나 다를 바 없었던 내 삶들, 아직 진행형이지만, 이겨나가고 싶고 힘든 상황에 부딪혀있는 분들에게 조금이나마 힘이 됐으면 하는 바람이에요.

가족들과의 따뜻한 식사가 외로운 누군가에게는 미친 듯이 하고 싶은 식사가 될 것입니다. 마음대로 걸어 다닐 수 있는 두 다리가 있다는 사실이 부러운 사람도 있다는 사실을 알아주셨으면 합니다.

행복은 멀리 있는 것이 아닙니다. 나중에 잘해줘야지, 돈 많이 벌면 효도 해야지, 이렇게 생각하기 쉽습니다. 하지만 부모나 지인들은 많은 걸 바라지 않아요. 적어도 내가 만났던 사람들은 그렇습니다.

나는 내가 노력하는 것도 좋지만, 누군가에게 도움이 되거나 도움을 받을 수 있는 존재라는 걸 깨달았으면 좋겠어요. 나의 세심한 배려가 다른 이에게는 크나큰 힘이 될 수 있습니다. '말 한 마디가 천 냥 빚을 갚는다' 라는 말도 있잖아요. 나도 누군가가 '고마워' 라고 말하면 힘이 된 적이 많았습니다. 계속 느끼고 싶어요. 앞으로도 말이죠. 그러기 위해선 나부터 노력하고 바뀌어야 한다고 믿고 행하도록 노력해야죠, 너무 과하지도 않게, 또 너무 약하지도 않게 적절한 온도를 찾아가면서 말이죠.

가족들에게 좋은 에너지를 받고, 좋은 영향력을 받을 수 있음에 감사합니다. 만일 제가 사랑하는 누군가가 다치거나 세상을 떠난다면 정말 마음이 아플 겁니다.

같이 병원 생활을 했던 형님이 끝내 돌아가셔서 장례식에 갔었습니다. 마음 한 구석이 말로는 표현 못 할 정도로 아팠습니다. 끝까지 포기하시지 않았던 어머니, 아버지, 누나에게 그리고 힘들어 하는 모두에게, 누군가 옆에 있다고 얘기해주고 싶어요. '난 별로 안 아픈데?' 라고 생각한다면, 힘든 누군가에게 아주 작은 위로의 말을 한 마디라도 하면 어떨까요? 저는 정말 많은 힘을 얻었습니다.

친구들의 병문안은 나에게 큰 힘이 되었습니다. 혼자였다면 절대로 해결해나가지도 못할 시련이었습니다. 하지만 이제는 조금씩 의연하게 말할 수 있어요. 저는 잘 버텨왔어요. 그리고 내가 할 수 없어서 불행한 것 보다, 할 수 있어서 행복함이 더 크다는 것을 알아줬으면 좋겠어요.

제1장
잃어버린 나의 왼팔

사고로 몸을 다쳐서 힘들 때, 세상이 너무나도 싫을 때, 모든 걸 포기하고 싶을 때 나에게 힘이 되었던 가족들, 지인들과의 추억들을 잊을 수가 없어요. 나도 내 글을 읽고, 누군가가 힘이 될 수 있기를 바라는 마음에서 글을 썼어요. 세상에는 시련이 한 번도 없을 수는 없습니다, 꼭 주위를 둘러보기를 바랍니다. 부와 명예가 가질 수 없는 행복을 느낄 수 있을 겁니다. 한 번쯤은 생각해본 적이 있을 것이다. 부와 명예를 얻고 싶다고, 그러나, 통계학적으로 봐도 꼭 부와 명예를 얻는다고 행복한 것만은 아니었어요. 저 또한, 아직 어린 나이고, 경험해 본 것도 많이 없지만 하나는 확실히 알았던 것 같아요. 내 상황에서 주위 사람들의 힘이 무시하지 못한다고.

사랑하고 사랑받는 것은 양쪽에서 태양을 느끼는 것이다.
데이비드 바스코트

추락사고

대학생이던 시절, 저는 아파트 11층 높이에서 떨어졌습니다. 어떻게 떨어졌는지 기억이 나질 않습니다. 며칠간의 기억이 송두리째 없어졌어요. 지금 생각해보면 별 것 아닌 일에 힘들어 한 것 같아요. 다치기 전, 그 때는 너무 힘이 들었었던 기억이 납니다……. 사람들의 관계 때문이었던 것 같아요.

군대 가기 전 부푼 마음으로 집에 왔습니다. 겨울 방학이 시작되었죠. 어느 때보다 추운 겨울이었던 것 같아요. 군대가 가기 싫지 않았습니다. 해병대를 지원했거든요. 해병대 가려고 팔각모가 어떤지 공부도 하고요. 체력 측정을 하기 위해 팔굽혀펴기, 윗몸 일으키기. 노력을 많이 했어요. 윗몸 일으키기는 원래 잘했어요. 고등학교 때 까지 1분에 70개 정도 했으니까요. 군대를 지원해 놓고 집에 와서 마음 편히 있었어요. 예능도 보고요. 그때 봤던

예능이 '정글의 법칙'이라는 김병만 족장이 나오는 프로그램이었어요. 언젠가 김병만 씨가 허리가 부러졌다고 하더라고요. 아파보니 아픈 것만큼 힘든 게 없더라고요. '정글의 법칙'이 재미있었어요. 남들이 가지 않은 길을 가보는 모험을 한다는 게 멋졌어요. 언젠가는 정글에도 가보고 싶어요. 얼마 전 세바시를 본 적 있는데 한 청년 강연자는 자전거를 타고 미국을 여행하고 아마존 마라톤 대회에도 참여하고, 남들이 평생 한 번 해볼까 말까 한 활동을 많이 했더라고요. 부러웠습니다.

'생각하지 말고 해라.'
제가 헬스를 하면서 대표님, 팀장님께 정말 많이 들은 소리가 "정찬아, 넌 생각이 많다."였습니다. "그럼 어떻게 해야 할까요?"라고 여쭈면 그냥 하라고 하시더군요. 아무 생각 없이. 하라고. 백날 생각하면 되냐고. 생각이 많으면 뭔가를 해내기가 참 힘듭니다. 이성적으로 생각하게 되죠. 그래서 나이가 들면 들수록 시도를 못 하죠. 저 또한 그래요. 생각이 많으니 뭔가를 시행하는 것이 힘들죠. 제가 사고가 난 이유 중 하나도 쓸데없이 많은 생각입니다. 모든 사람에게 잘 보이고 싶고, 하는 일을 다 잘해내고 싶었고요. 그러다 보니, 누구나 다 모든 걸 잘하진 않잖아요. 자책감이 많이 몰려 왔습니다. 누군가 나에게 심한 말을 하면 그냥 넘기면 되는데 마음처럼 잘 안되더라고요. 소심했던 성격 탓에 오래도록 마음속에 새겨두는 게 있었습니다.

사고로 인해 며칠간의 기억이 사라졌어요. 태어나서 처음으로 경험했어요. 눈을 떴을 때는 마치 새로 깨어나는 기분이었어요. 낮잠을 자다가 일어났는데 시간을 보니 '아침인가? 저녁인가' 헷갈릴 때가 있죠? 예전에 조기축구를 했었어요. 축구 하러 가기 전날에 낮잠을 잤는데 7시쯤 일어났던 적이 있어요. 겨울이라 아침인 줄 알고 씻고 준비해서 풋살장으로 갔어요. 그리고 형님들께 연락했죠. "형님들 왜 안 오세요?" 그러자 형님들이 "밤에 축구 하니?"라고 묻더군요. 그 말을 듣고 그만 빵 터졌습니다. 형님들이 거기서 자라고 하길래 저도 "여기서 자고 있을게요."라고 농담했어요. 저만 이런 적이 있나 모르겠어요.

제가 깨어났을 때는 병원 응급실에 있었어요. 아주 차가운 공기가 저를 감쌌죠. 추운 것보다 마음이 시렸습니다. 뼛속 깊이 시리냐는 말이 어떤 말인지 느꼈어요. 눈을 떠 보니 계속 띠띠띠 라는 소리가 들렸어요. 환자들의 심장박동 소리죠. 중환자실에 있다 보니 위급한 상황이 많았어요. 제 옆 침대에 환자분들이 들어왔다 나가길 반복했어요. 어떤 할아버지는 숨을 거두시기도 했고요. 대성통곡 소리도 들렸습니다. 그런 곳에서 잠이 올 수 있을까요? 눈이 나쁜 저는 안경이 없어 뿌옇게 보였습니다. 수면제 없이는 잠이 오질 않았어요. 온종일 아무것도 안 하고 누워 있어 보셨나요. 고통스러웠습니다.

어머니는 대성통곡을 하시다 잠시 실어증까지 왔어요. 저도 만약 제가 사랑하는 가족이 위급하다면 그럴 것 같아요. 나는 착하게 살아왔던 것 같은데 나쁜 사람들은 더 잘 살고 이런 고통을 겪어야 하는지 억울했어요. 팔이 한쪽이 없어진 것을 병원에 와서야 알았어요. 두려움이라는 단단한 벽이 있어 저를 가득 에워싸는 느낌이었어요.

한 손으로도 생활을 다 해낼 수 있다는 것은 지금은 알고 있죠. 조금 불편하고 느릴 뿐 못하는 건 아니에요. 하지만 그 당시에는 전혀 와 닿지 않았어요.

X-ray 촬영을 수없이 했어요. 수술실로 들어갈 때마다 극도로 불안했어요. 하루는 수술실로 들어가는데 누나가 옆에 있더라고요. 누나가 "괜찮다"고 말하는데 눈물이 났습니다. 마음속 깊은 곳에서 우러나오는 눈물이었어요. 아버지가 제가 다쳤을 때 돈이 얼마가 들어도 좋으니까 헬기 띄우라고 했답니다. 하지만 팔은 너무 오염이 돼서, 붙일 수도 없고, 붙인다고 해도 못쓸 확률이 커서 봉합했다고 해요.

지금 제 절단된 팔을 보면 바늘로 꿰맨 자국이 선명합니다. 처음에는 한숨밖에 나오질 않았어요. 무언가를 들기도 불편하고 신발 끈도 못 묶으니까요. 지금은 길을 가다가도 신발 끈이 풀리면 "죄송한데, 조금 묶어 주실 수 있나요?" 라고 부탁합니다. 그나마 왼팔을 잃어 고생을 덜 하는 편입니다. 오른팔을 잃으신 분을 만난 적이 있습니다. 그분은 이제 왼손으로 모든 걸 다 해낸다고 하시더라고요. 모든 건 생각하기 나름인 것 같아요. "오른팔이 없으면 왼팔로 살면 되지" 이렇게 생각해요. 욕창 때문에 간호사들이 시간만 되면 저를 들고 내리기를 반복하셨어요. '욕창'이라는 말을 태어나서 처음 들었어요. 정말 무서운 거예요. 몸을 안 움직이고 있으면 살이 곪아서 썩어요. 입원 중에 욕창 때문에 고생하는 분들이 많아요. 저 또한 몸을 가누지 못하니 욕창이 조금 생겼어요. 살이 곪는다고 생각하시면 될 것 같아요. 겪지 않으면 얼마나 힘든지 모르죠. 매일 압박붕대로 제 팔을 감을 때 그걸 지켜보는 저도 힘들었지만, 부모님은 어땠을지 생각합니다. 마음이 찢어지셨겠죠, 저희 어머니, 아버지라서 버티셨던 것 같아요. 감사하죠. 부모님께서는 면회 시간만 기다리셨고, 의사 선생님의 애기 들으려고 정말 물어볼 질문 많이 생각해 놓으셨다고 하셨는데 의사들은 그냥 휙 지나친 의사들도 정말 많다고 하시더라고요. 저도 지옥이었지만, 부모님도 지옥을 느끼고 계셨겠죠.

정말 중환자실에 있으면서 이렇게 평생을 살아야 한다는 생각에 걱정을 많이 했어요. 제가 걱정이 많은 편인데. 걱정을 생각하면 할수록 더 커지잖아요. 누가 그러더라고요. 걱정이 생기면 다른 흥미로운 것을 생각해서 잊으라고요. 실습생들과 농담도 나누었지만 전혀 마음에 와 닿지 않았어요. 시간이 느리게만 흘러갔어요. 초 시간까지 느껴졌어요. 째깍째깍 가는 시계를 온종일 보고 있으면 한 시간이 평상시에 느꼈던 하루 같았습니다. 세 시간이 지나면 아무것도 하지 않았는데 힘이 다 빠져 버렸어요. 정말 이렇게만 살아야 하는가 싶어 소리쳐서 울었던 것 같아요.

지금 돌이켜보면 그때의 시련으로 한층 성장할 수 있었던 계기가 된 것 같아요. 그때의 힘든 시간을 이겨냈다는 것에 감사합니다.

아픈 기억의 조각들

병원에 있을 때 여태까지의 사건들이 주마등처럼 지나갔습니다. 하나하나 생각하게 되었죠.

어렸던 시절부터 돌아갔어요. 저는 소심하고 착한 아이였어요. 친구들과 장난 치고 놀던 기억, 친구들에게 잘못했다고 생각하는 점이 떠올랐어요.

중학생 때는 좀 이기적이었던 것 같아요. 성적에 연연했던 것 같고요. 평균 90점이 나오지 않으면 세상이 무너질 것 같았죠. 저보다 공부 잘하는 친구나 노력을 별로 하지 않는데도 성적이 잘 나오는 친구를 보면 질투가 났었던 것 같아요. 시기, 질투가 나쁜 건 알고 있었지만 마음처럼 쉽지 않았어요. 경쟁 사회에서는 어쩔 수 없는 것 같아요.

성적이 좋으면 더 좋은 조건으로 살아갈 수 있고 선택의 폭이 넓어지잖아요? 그러나 성적이 좋다고, 돈을 많이 번다고 행복한 것은 아니라고 봐요.

친구는 많으면 좋겠지만, 만나서 서로 기분이 상할 바에는 차라리 내 가치를 높을 수 있는 자기계발에 힘쓰는 것이 좋다는 생각입니다. 친구들을 자주 만나서 술을 먹고 음식 먹고 피시방이나 당구장에 가고, 노래방에 가고 똑같은 일을 계속 하다 보니니, 어느 순간 친한 친구들과 만나서 이런저런 얘기하고 서로 응원해 주는 건 좋은데, 어쩐지 부질없다는 생각이 들더라고요. 돈 많이 쓰게 되고, 술을 많이 마신 다음 날은 그 전날 기억도 잘 안 나고요. 친구들끼리 돈 많이 내는 친구가 있으면 "워~~"라고 하면서 부러워하고, 돈을 쓰는 친구가 과시하는 모습도 좋게 보이지 않았어요.

얼마 전 아는 형님을 만났습니다. 형님의 자동차는 오래된 것이었어요. 다른 사람 같으면, 속으로 '에이, 저런 차를 타고 다녀?'라고 했을 겁니다. 그런데 그때가 겨울이었는데 제가 느낀 건 차가운 물을 먹고 머리가 아픈 것처럼 충격을 받았습니다.

'저 형 진짜 멋있다!'

나 같으면 부끄러워서 못 했을 거에요. 자기가 자기 자신에게 떳떳한 것 멋져요.

고등학교에 다닐 때 만난 친구 중에, 제가 아직도 그 친구를 만나면 고맙다고 말합니다. 그 친구를 통해 사람들을 대하는 태도가 많이 바뀌었거든요. 친구들이 실수하면 "그럴 수도 있지, 다음에 잘 하면 돼."라고 말했죠. 누군가를 용서하는 일 만큼 멋진 일이 있을까요. 저는 요즘 많은 사람을 용서하려고 노력합니다. 친구가 조금 늦게 오면 "괜찮아, 다음에 일찍 와."라고 말해줍니다. 기다리는 것이 꼭 나쁜 것만은 아니더라고요. 설레는 마음으로 다른 풍경도 조금 보면서요. 또 새로운 곳을 갔다면 조금 둘러보는 것도 괜찮고요. 생각하기 나름인 것 같아요. 좋은 조건에서도, 불행을 찾는 사람이 있지만, 힘든 상황에서도 희망을 볼 수 있는 그런 마음가짐을 가지고 살면 역경이 있더라도 잘 이겨나갈 수 있을 것 같아요.

저 또한 큰 노력이 필요하겠죠. 이겨나갈 겁니다. 우선 가족들과의 대화에서부터 말이죠. 예전에는 아버지의 말씀이 잔소리로 느껴졌습니다. 그러나 요즘은 이해하려고 노력하죠. '나도 아버지 입장이라면 저렇게 말했을 수 있을 거야.'라고 생각해요.

예전에 저는 사람들이 장난으로 하는 말도 심각하게 받아들이곤 했어요. 하지만 이제는 달라졌어요. '뭐, 그 사람 생각일 뿐이야. 사람마다 다 달라.' 이렇게 넘겨버리려고 노력하죠. 가족들에게도 잘하지 못했던 점이 걸려요. 엄마, 아빠를 '어머니', '아버지'라고 부르지 못한 점, 고맙다는 말 한 번 제대로 하지 못한 점, 가족과의 오붓한 식사를 당연하게 생각했던 점 등이에요.

마음이 간사할 때가 있어요. 조금 비싼 옷 안 사주면 안 사준다고 뭐라 하고, 친구들은 새벽까지 노는데 왜 나는 못 노느냐고 투정을 부렸어요. 다 저를 위한 것인데도 말이에요. 어느 부모가 자식이 부족하기를 바랄까요? 그런 생각들이 흘렀습니다.

또 아쉬웠던 점을 꼽자면 매사에 충실하지 않았던 것이에요. 학교에 있을 때만큼은 남들에게 꿀리지 않을 만큼 공부하는 것, 주말에 푹 쉬는 것, 내가 좋아하는 일 찾기 등 사소한 것들 하나하나가 생각나더라고요. 친구들과 야자 시간에 먹던 과자도 생각났고요. 쉬는 시간에 공놀이도 기억나고요, 공부 끝나고 먹던 라면, 주말에 모여서 같이 공 찼던 것 하나하나 생각이 나더라고요.

다시 한 번 마음껏 뛰어보고 싶다는 생각이 들었어요. 신이 있다면 도와 달라고 되뇌었죠. 그런 말을 했습니다. "도와주세요, 제발요." 라고요.

가족들이 하루도 빠짐없이 면회하러 왔습니다. 혹여나 제가 끼니를 거를 까봐 요구르트를 가지고 오기도 했고요. 어머니가 그런 말을 했습니다. " 옆에만 있어도 좋으니 살아만 있어줘."라고요.

프레임 현상이란 게 있는데, 나는 내 틀에서 생각한다는 말이에요. 누군가 길을 가다고 거지가 동냥하는 걸 보고 나는 저렇게 살지 말아야지'라고 생각합니다. 그런데 길을 지나가는 사람보고 또 다른 사람이 생각합니다. 나는 저 사람처럼 불쌍한 이를 지나치지 말아야 지라고요. 저는 제 프레임에 갇혀 있었던 것 같아요. 제 틀에서만 생각하고 행동했죠. 상대방은 힘들걸 생각하지 않고요. 제 틀에서 생각과 다르다고 남도 똑같이 자신의 틀에넣으면 안 됩니다. 가령 나는 쉽게 했는데 너는 왜 못하느냐?라는 생각에 갇혀 있는 경우가 있죠. 기본지식이 있으니 빨리 이해했던 것뿐인데 제 상식에는 '왜 이걸 이해 못 하지?라고 하는 것 같습니다. 저 또한 그랬어요. 중학교 때 친구들이 모르는 문제를 가지고 어떻게 푸는지 물어봅니다. 제가 아는 문제일 경우 가르쳐주는데 그럴 때마다 "여기서 묻는 게 뭘까?" 라고 물어봤어요. 그러면 친구가 이해하기 쉬웠어요. 친구들이 고맙다고 말해줄 때 기뻤습니다.

저는 병원에 있었을 때도 친구들과 공을 차고 싶다는 생각이 간절했습니다. 병원에서는 절대 그러지 마라고 하죠. 등산도 하지 말고 달리기도 하지 말라고 했어요. 요즘은 좋아져서 아침에 한 번씩 조깅도 해요. 얼마 전에는 아버지 친구 분, 아버지, 저 이렇게 셋이서 등산도 다녀왔습니다.

다친 것 때문에 누굴 탓할 순 없잖아요. 이미 다쳤는데요. 과거만 붙들고 살아가면 과거에 얽매일 수밖에 없는 것 같아요. 저 또한 공을 차거나 일을 잘못했을 때, '아 그때 이렇게 했으면!' '그때, 운이 좋았다면.'이라는 생각을 많이 해요. 살아가는 데 바꿀 수 없는 두 가지가 있다고 합니다. 과거와 미래 말이죠. 바꿀 수 없다면 현재에 충실하는 것이 중요하겠죠.

세상을 원망하다

갑작스러운 사고로 크나큰 충격에 휩싸이면 이겨내기 힘들다는 걸 절실히 느꼈어요.

무기력해지죠.'할 수 없다'는 생각이 가슴에 박히면 온종일 잠을 잤어요. 잠이라는 게 참 신기하더라고요. 자면 잘수록 더 자고 싶어져요. 눕고 싶고 또 눕고 싶어져요. 입원하는 동안 식사시간, 운동시간, 물리치료 시간 외에는 거의 잠만 잤어요. 의욕이 없었어요. 재미도 없었고요. 그 당시 절 바라보는 어머니의 마음은 어땠을까요. 부모가 안 되어 봐서 모르지만, 어머니께서 이런 말씀을 하시더라고요. "내 팔을 떼서 붙여주고 싶다." 고요. 얼마나 힘들어하고 아프셨으면 그런 말씀을 하셨을까요? 그때 어머니 앞에서 아픈 내색을 안 하고 의연히 대처했다면 얼마나 좋았을까요.

저는 아버지와 산책을 자주 다녀요. 여느 때와 같이 함께 운동하러 가던 어느 날이었습니다. 아버지는 걱정하십니다. 제가 땅만 보고 걷는다고요, 아마도 생각이 많아서 그랬던 것 같아요. 특히'왜?' 라는 생각을 많이 했어요. 세상을 원망했죠. 아버지는 저에게 "의연하게 대처하라." 고 수도 없이 말씀했습니다. 하지만 힘들어 죽을 것만 같은데……. 환상통이 오면 오만가지 걱정이 다 드는데, 어떻게 버티냐고요. 가족에 대한 배려 없이 그저 제 입장만 내세웠던 거죠.

언젠가'세바시'라는 강의에서 어느 강사분이 했던 말이 생각났습니다. '그럴 수도 있지.' '내일 더 괜찮으면 되지.'그 말이 저에게 큰 울림이 되었어요.

혜민 스님의 책을 보면 좋은 말이 정말 많죠. 제 마음에 깊이 새겨진 말이 있어요. '너무 얽매이지 마라.''지나간 것은 잊어버려라.'저는 게으른 완벽주의자에요. 완벽을 추구하면서 막상 게을러서 하던 일을 실행에 옮기지 못한 적이 많았죠. 완벽을 추구하면서 완벽하지 않은 결과가 나오는 악순환이 생겼어요. 조금 천천히 한다고 하늘이 무너지지도 않는데, 그저 남들보다 빨리 잘하려고만 했기 때문에 문제가 생긴 것 같아요.

고등학생 때 성적이 좋지 않은 이유도 그 때문이었던 것 같아요. 시험 기간 전부터 공부는 열심히 하려고 해요. 이 책도 봐야 하고 저 책도 봐야 되고, 책에 없는 건 필기도 해야 되고, 필기도 볼펜 색깔을 바꿔가며 중요한 부분은 별표 쳐가며, 밑줄을 긋고 형광펜으로 색칠하기에 바빴어요. 손으로 공부하는 알맹이 없는 공부를 한 것 같아요. 어느 필기구가 잘 써지는지 더 중요시했던, 지금 생각하면 안타까운 시간이죠.

필기도 예쁘게 되어야 하니까 줄 간격이 맞춰가며. 무조건 많이 하는 게

능사라고 생각했는데 그게 아니더군요. 조금 쉬어가는 것도 필요하고 천천히 정확히 해나가야 해요. 병을 치료하는 과정도 그러한 것 같습니다.

　무조건 빨리빨리하기 보다는 한걸음 뒤로 물러서서. 운동을 잘 하는 사람을 보면 뒷짐 지고 하는 분들이 있어요. 한 걸음 뒤에서 상황 파악을 하죠. 그런데 뭣도 모를 때는 앞뒤 안 가리고 덤벼들잖아요.
　'마음 가면'이라는 책을 읽었습니다. 완벽함에서 벗어나래요. 완벽한 사람은 없다고요. 참 쉽지 않죠. 그래도 얼른 완벽주의에서 벗어나래요. 자기 자신을 퇴보시키는 역할을 한다고요. 완벽은 어떤 관계에서든 융통성이 없는 사람으로 만들어버려요.
　아버지는 완벽주의자세요. 약속이 있으면 정확히 약속시간 전에 가시고, 아침에 일어나 체조하시고 저녁에는 운동을 꼭 다녀오시고요. 융통성이 없으시죠, 친구들과 술을 한 잔하다가도 더 먹자고 하면 집에 오십니다. 공부할 때도 반복 또 반복하세요. 제가 아버지를 어설프게 닮았나 봐요. 아까 말했듯이 어설픈 완벽주의자죠. 뭔가를 하려고 제가 확실히 찾아보고 만들고 계획대로 해나가야 하는데, 누군가의 도움을 받으려고 하고 미루는 경향이 있죠.
　세상을 원망해도 아무 소용없더라고요. 저 자신을 뒤돌아볼 필요만 있을 뿐, 앞으로 조금 더 나은 생활을 하기 위해 되뇔 뿐이죠. 아버지가 항상 하시는 말씀이 있어요.
　"사람은 죽을 때까지 배운다."
　일하든, 공부하든, 사람 관계든 간에요. 배우려면 물이 넘치지 않을 그릇을 키우는 게 우선이겠죠. 산책도 하고 책도 읽고 마음을 단련시키는 일 말이죠. 저는 요즘 저 자신에게 그래요. '난 참 괜찮은 사람이야.' '당연히 그럴 만한 가치가 있는 사람이야.'라고요.

세상을 원망해도 아무도 알아주는 사람 없고 한숨만 쉰다고 알아주는 사람도 없어요. 나 자신이 이겨나가기 위해 노력을 해야 할 뿐, 제 친구 카카오톡 소개 사진 보면, '노력은 배신하지 않는다'라고 적어놓았더라고요. 저도 공무원 공부할 때 합격해보고 나니, 노력이 큰 발판이 됐다는 생각을 하고 있어요. 지금은 질병 휴직 중으로 쉬고 있어요. 약 조절을 잘못했거든요. 얼마나 힘들지 상상이 안 가실 거예요. 남들 다 되고 싶어라 하는 공무원이 되었는데, 막상 일을 할 수 없다니 말이죠. 그래도 원망하면 뭐 해요, 세상은 알아주지 않아요. 얼른 노력으로 바꾸어 갈 뿐이죠.

사람들은 다른 사람들의 얘기에 관심이 많이 없는 것 같아요. 저는 제 얘기를 하면 귀담아 들어주고 기억해줄 줄 알았는데 다음 번에 만나면 "처음 듣는 얘기네"라고 하더라고요. 남의 이야기를 관심 깊게 듣지 않죠. 그러니 원망하지 말고, 얼른 힘듦 속에서 이겨나가자고요.

견디기 힘든 고통의 시간

　병원에서의 투병 시간이 길진 않았지만. 많은 어려움이 있었어요. 처음에는 울산대학 병원에서 입원 생활을 했죠. 재활의학과에 있었습니다. 신경이 뒤틀려서 신경 검사도 수없이 했어요, 근전도 검사며, 이름 모를 검사도 많이 했어요. 근전도 검사는 종아리에 얇은 핀을 찌릅니다. 다시는 겪기 싫은 고통이에요. 찌르고 다리를 움직여야 해요.

　종아리에서 부르르 소리가 납니다. 이 검사를 한다는 말이 나오면 덜컥 겁부터 났습니다. 머리에 전기 충격을 주는 치료도 있었고요. 발이 너무 시려서 발에 관한 약들, 검사들도 했어요. 검사실도 수술실처럼 공기가 차가웠어요. 시린 정도가 아니라 얼음물에 발을 담가놓은 느낌이었어요. 너무 시려워서 양말을 몇 겹 신었던 것 같아요. 몸이 회복되자 재활의학과 의사가 의수를 만들자는 제안을 합니다. 저는 꿈에 부풀었죠. 기능성 의수를 맞추면 컵을 잡을 수 있다고 해요. 의수도 쉽지 않았어요. 처음 의수가 맞지 않아 안타깝게도 버리고 말았어요. 지금 사용하는 의수는 아버지가 자세히 알아보시고 신중히 고민해서 제작한 의수예요.

저는 다행히 장애 2급이 돼서 '부르미'라고 불리는 장애인 택시를 탈 수 있어요. 제가 아는 동생은 다리가 무릎 밑까지 절단되어 3급 판정을 받아 장애인 택시를 탈 수가 없어요. 장애인 택시는 2급까지만 탈 수 있거든요. 제가 부르미 택시를 병원에서 기다리고 있는데 한 아저씨가 그랬어요. 어떻게 하면 장애인 택시를 탈 수 있냐고요. 아내는 걷는 게 힘든데, 지체 3급이라 탈 수가 없다고요.

병원에서 생활하는 게 힘들었던 것 중 하나가 나오는 식사가 얼마나 맛없는지. 제가 가리는 음식이 없는데도 싱거웠어요. 어머니가 조금 짜게 요리하면 짜다고 말했는데, 병원 음식은 너무 싱거웠어요. 누나가 반찬을 해오거나. 뭘 시켜먹을 때가 낙이었어요.

물리치료도 힘들었어요. 수술 후 다리가 안 굽혀지니까 억지로 다리를 굽히는데 아프다고 소리를 쳐도 그냥 막 꺾더라고요. 얼마나 아팠으면 물리치료할 시간만 되면 두근두근거렸어요. 도살장에 끌려가는 동물 같았어요. 물리치료실에 가면 악! 악! 소리가 물리치료실 공간을 메웠어요. 젊은 물리치료사 선생님도 계셨는데 그 선생님은 이런저런 농담을 해주셨어요. 연령대가 맞으니 얘기도 잘 통했던 것 같아요.

병원에서 많은 환자분들을 만났어요. 어떤 환자분의 보호자는 냉장고에 자기 음식만 넣기도 하고, 어떤 환자는 머리를 다쳐서 욕설을 하는 분도 계셨고, 또 어떤 동생은 저처럼 한쪽 팔이 절단됐는데, 오토바이를 타다가 다쳤다고 하더라고요. 어머니의 좋은 성격 덕분에 다른 환자분들과 별 탈 없이 지냈어요.

병원 생활 어떻냐고요? 특유의 공기 냄새, 의욕 없는 환자 분들을 생각하면 힘이 쭉 빠집니다. 저는 일어나는 게 힘들 정도였어요. 걷지 못하니 앉아 있는 것보다 누워 있는 시간이 더 많았죠. 약 때문이라고 자기 합리화하는 제가 싫었어요. 그나마 두 번째 병원에서는 조금 달랐어요.

지겨운 것은 마찬가지였지만, 가족적인 분위기라고 느껴졌어요. 물리치료사 선생님들도 젊어서 말도 잘 통했어요. 남자 선생님과는 축구 얘기도 했어요. 어제, 그 경기 봤느냐고요. 그 선수 잘하지 않았느냐고요, 다음에 꼭 공 한 번 차자고요. 꿈에 부풀었죠. 나도 한 번 더 뛸 수 있을까? 라고요. 현재 얼마 남지 않은 것 같아요. 폼이 중요하다는 얘기를 운동 조금 하는 사람이면 알 거예요. 딱 받고 딱 주고. 촉 찔러주고 팍 느낌 있게 슛 때리고요.

얼마 전부터 목사님께 탁구를 배우고 있는데, 목사님도 기본을 중요시 여기시더라고요. 저도 이제 와 생각하는 거지만 기본이 중요한 것 같아요. 목사님께서 그러셔요. 남들 몇 달 만에 배울 걸 몇 번만 배운다고요. 재미있더라고요. 또, 병원에서 선생님들과 이런저런 얘기하면서 힘도 얻었죠. 한 선생님은 축구화를 산 것까지 보여주셨어요. 저에게 한 영화도 추천해주셨어요. 눈물 좀 흘리라고요. '도대체 어느 부분이 슬프지?' 했던 것 같아요. 클래식이라는 영화인데, 조승우와 손예진의 사랑 이야기인데, 병사로 파견 갔던 조승우가 실명하게 되는데, 눈이 안 보이는 걸 감추는데, 손예진이 알아버리고 소리 없이 우는 장면이 있어요. 거기가 울음 포인트라 하는데, 저는

'이게 왜 슬프지?' 하고 그냥 아무 감정 없이 봤던 것 같아요. 선생님께서 이상하다고 했어요. 어떻게 그 장면을 보고 슬프지 않을 수 있냐고요, 얼마 전 '클래식'이라는 영화를 다시 보니까 눈물이 흐르더라고요. 아마도 그때는 감정이 메말랐던 것 같아요. 눈물을 흘릴 수 있다는 것도 큰 행복인 것 같아요.

아까 다리 절단된 동생이 한 명 있다고 했죠. 제가 뚱땡이라고 부르는데, 처음 봤을 때가 3학년이었는데 이제 6학년이 됐겠네요. 게임을 좋아하는 건 어떤 아이들도 다 그런 것 같아요.

게임을 좋아하고 치킨도 좋아하고, 뚱땡이 엄마, 제가 이모라고 부르는데 이모와 뚱땡이랑 저랑 국밥도 먹으러 가고요. 저녁에 치킨도 먹고 그랬어요. 소고기를 사서 구워 먹기도 하고요. 거기서 만난 형들도 좋았습니다. 한 형은 수술하다가 허리를 잘못 건드려서 다리 밑으로 감각이 없데요. 그냥 근육으로 걷는다고 하더라고요. 암에 걸려서 하반신을 쓰지 못하는 형도 계셨어요.

암, 무섭더라고요. 항암치료를 하면 머리가 다 빠질 뿐 아니라 어지러워서 밥도 제대로 못 먹어요. 움직이기 힘드니까, 욕창도 생기고요. 제 상태도 힘들었지만 감사할 정도였으니까요. 형은 얼마 전 하늘나라로 갔답니다. 감정이 메말랐던 저도 정말 슬프더라고요. 얼마나 힘들었을까? 편히 쉬시길 바라는 마음이 컸어요, 어머니가 그래요, 제가 만일 하늘나라 갔다면 견디지 못했을 거라고. 가슴이 찢어지실 거라고, 이런 부모님 밑에 태어난 제가 천운이라고 생각해요. 제가 병원 생활을 하면서 어머니가 평일에 온종일 계서서 힘들까봐 아버지가 주말에 대신 와 주셨고, 누나는 아버지 식사 해결 다 해주고, 저희에게 음식도 해서 주고, 어머니 옷도 가져다줄 뿐 아니라 수건 빨래도 다 해주었어요. 가족이 있었기에 버틸 수 있지 않았나 싶어요.

아버지가 그래요. 가족이 최고라고. 저는 그 말에 동의하지 않았거든요. 요즘 세상에는 부모도 자식 버리고 자식도 부모를 버리고, 형제간에는 돈 때문에 싸우고……. 가족이 최고가 아니라고 생각했어요. 그런데 아프고 보니 가족이 최고더라고요. 가족이 있었기에 버틸 수 있었어요.

누군가 나를 위해 진심으로 도와주는 사람이 있다면 놓지 않으시길 바랍니다.

꼭이요!

나를 마주할 용기

　요즘은 자존감을 높이려고 노력하고 있어요. 아직도 남 의식을 많이 하는 것 같아요. 시선을 잘 느낀다고 하나요. 사람이 드문 시간에 오락실 노래방을 다녀온 적이 있어요. 조용해서 노래 소리가 크게 들리죠. 4곡을 불렀습니다. 불 켜진 기계에 앉아 노래를 부르려 하는데, 사람들의 발소리에 초점이 맞춰지더라고요. 예전 같았으면 더 심했을 거에요. 팝송 한 곡, 힙합 두 곡, 잘 모르는 노래 한 곡 이렇게 불렀어요. 자신 있는 노래를 부를 땐 누가 옆에 있든 상관없을 정도로 심취해서 불렀어요. 물론, 제가 잘 부른다는 뜻은 아니에요. 리듬 타면서 아, 이럴 땐 이렇게 부르는 게 좋지, 옆에 오히려 누가 있었으면 좋겠다는 생각이 들었어요. 자랑하고 싶었어요.

　그런데 처음 불러보는 노래가 나오니 혹시 누가 볼까봐 신경쓰기 시작했어요. 참 웃기죠. 방금 전까지만 해도 누가 옆에 있었으면 좋겠다고 했는데 말이죠.

아플 때도 그렇죠. 정말 누가 옆에 있어주길 바랄 때가 있어요. 친구가 "다쳤냐?" 라고 말하는 것이 듣기 싫어 휴대전화를 보는 게 두려울 때가 있습니다. 그런데도 누군가 옆에 있었으면 좋겠다는 생각을 많이 해요. 많이 아플 땐 사람이 제일 그립더라고요.

'자존감 수업'이라는 책을 읽었어요. 그 책이 너무 좋아서 다른 사람에게도 빌려주었어요. 자존감을 높이면 덜 외로워진다고 하더라고요. 혼자 있어도 자신감에 차 있고 혼자 여행을 가도 즐거울 수 있다고 해요.

남을 평가하기보다 자기 자신을 먼저 생각하고 떠올려 보려고 합니다. 누구보다 아름답고 고귀한 것은 바로 나 자신이에요. 저는 자책감이 컸죠, 앞서 말했듯이 누군가 절 싫어하면 그 친구를 피하기도 했어요. 요즘은 '모든 사람이 다 날 좋아할 순 없어.'날 여의치 않은 눈빛을 보내면, 저는 관대한 눈빛을 보내면 되고, 그래도 여의치 않으면 할 수 없지.'저를 위해서 이렇게 말하곤 합니다. 마음이 잔잔한 호수 같아지더라고요.

몇 가지 좋은 방법을 소개할게요.

첫째, 진짜 나를 소중히 여겨라.
둘째, 나 자신에게 공감하라.
셋째, 완벽주의와 결별하기 완벽주의와 이별해야 한다

앞서 말했듯이 저는 게으른 완벽주의자였어요. 준비도 철저히 하지 않았으면서 걱정만 많으니 일을 잘해나가지 못 하겠더라고요. 물어보기만 하고 도움만 받으려고 하기도 했어요.

처음에는 아버지가 병원에 갈 때 동행해주셨어요. 그리고 겹쳐져 있는 약을 뜯어서 종류별로 구분하고 요일별로 나눠 주셨어요. 어린애처럼 아버지가 도와주셨죠. 어느 순간 이런 생각이 들더군요. '아, 이건 아니다. 아버지는 나보다 더 힘도 없으시고 내가 보살펴드려야 할 텐데, 나는 왜 안일하게만 행동 하지?

요즘은 병원 예약도 혼자서 하고 차를 몰고 병원에 갑니다. 베스트 드라이버는 아니지만 한 손으로 어느 정도 운전을 할 수 있답니다. 어제는 아버지가 아무 일이 없으셔서 따라 다녀오셨어요. 지금 생각해도 아버지라는 존재는 참 대단한 거 같아요. 만일 아버지가 아프시면 지극 정성으로 보살필 수 있을까? 마음 속으로 힘들다는 생각이 들어요.

약이 많은 양은 아니지만 다른 종류여서 분류도 해야 되어서 귀찮아요. 이제는 홀로서기를 해야 해요. 아버지께 말씀드렸어요. "제가 힘들 때 도와달라고요." 그러자 아버지도 좋은 생각이라고 말씀하셨죠. 저는 아버지와 친구 같은 사이입니다. 2주마다 같이 목욕도 가요. 내일은 또 같이 목욕 가는 날이네요. 목욕탕이 약간 시골 비슷한 곳에 있는데 물이 얼마나 깨끗한지 몰라요. 목욕하고 나와서 창문 열고 차 타고 오면 상쾌하죠.

얼마 전 재미있는 일이 있었어요. 아버지하고 여느 때와 같이 동네를 걷고 있었어요. 그날은 제가 조금 발걸음이 느렸죠. 아버지는 제 상태도 모르고 치고 나가시더라고요. 오기가 생겼죠. 더 빨리 걸어서 앞서가야지 하고요. 아버지보다 빠른 걸음으로 걸었어요.

아버지보다 빨리 걷는데, 아버지가 더 빠른 걸음으로 오시더라고요, 아! 더 빨리 걷지 않으면 추월당하겠다. 그래서 뛰었죠. 한참 뛰고 이제 괜찮겠지 하고 뒤를 돌아봤어요. 아버지가 뛰어오시더라고요. 저는 더 빨리 뛰어 집으로 뛰어왔는데, 얼마만의 콩닥콩닥 대는 심장 소리가 느껴졌는지 몰라요.

집에 돌아와 샤워하고 씻고 있는데, 아버지가 아들 몸 좋아졌다고 하시더라고요. 장애는 누구나 가질 수 있다고 생각해요. 그러나 누군가의 도움이 있다면 빨리 극복할 수 있어요. 아무도 앞을 내다볼 수는 없죠. 예측만 할 뿐, 자전거를 타다가도 사고가 날 수 있고 계단을 걷다가도 넘어져서 다칠 수도 있죠. 저는 제가 이렇게 큰 사고가 생길 거라곤 단 한 번도 생각하지 않았죠.

저처럼 여러분도 장애를 입을 수도 있습니다. 저 또한 장애를 입으신 분을 보면 따가운 시선으로 볼 때가 많았죠. 그러나 제가 장애를 입어보니 남들과 똑같이 생활하고 먹고 싶은 것도 많고 가지고 싶은 것도 많은 사람이라 걸 깨달을 수 있었죠. 배가 고플 수도 있고요. 밀가루를 많이 안 먹는 게 좋다고 해서 치킨, 라면, 피자 같은 걸 안 먹으려고 해도 저도 모르게 먹고 싶죠. 참 신기한 것 같아요. 아주 몸에 좋은 채소 채소가 먹고 싶으면 얼마나 좋을까요? 그래도 우리 집은 덜해요. 전 양파, 마늘, 김치 채소들을 많이 먹고 아침에는 바나나, 토마토 삶은 달걀 잘 먹어요. 다른 아주머니들이 그런데요. 그리고 밥을 잘 먹느냐고요. 아이들이 고기반찬이 없으면 먹지를 않는대요. 어머니가 그래요. 반찬 해놓으면 며칠 만에 또 해야 된다고요. 고

구마 줄 거지도 다른 집 같으면 먹다가 버리는데 우리 집은 너무 빨리 먹어서 힘들다고요. 만약 반찬이 남자나요? 그러면 아버지 주면 됩니다. 비빔밥처럼요. 전 태어나서 아버지가 못 먹는 게 맵거나, 짜지만 안으면 못 먹는 걸 본 적이 없어요. 어머니가 무슨 반찬을 만드신 지도 모르고 드셔요. 저도 잘 먹지만, 아버지가 무슨 반찬을 해주라고 하신 이야기를 태어나서 들은 적이 한 번도 없어요. 오늘 치킨 먹고 싶다는 얘기를 한 번도 들은 적이 없다니까요. 저도 이렇게 아버지와 함께 할 수 있다는 사실, 소소한 행복 무언가를 맛나게 먹을 수 있다는 사실 참 감사해요. 감사라는 건 사소한 거잖아요. 맛있는 음식을 먹을 수 있다는 사실에도 감사할 수 있어요. 게다가 저는 한 번 죽었다 태어난 건데 더 소중히 여겨지는 것 같아요. 하루하루 나아짐에 감사, 운동을 할 수 있음에 감사합니다. 좋은 친구가 있음에 감사합니다. 좋은 친척들이 연락해준다는 것에도 감사합니다. 제가 다쳤을 때도 친척들이 자주 왔어요. 안부 연락도 하고요 외사촌 형은 근래에 한 번 온대요. 제가 대학교 다녔을 때 직장이 대구여서 한 번씩 술 한 잔 했는데, 자주는 못 봐도 보면 참 반갑고 웃음이 나는 사이죠. 내가 힘들 때 진심으로 위해주는 지인들이 있다는 사실, 인생 살만하더라고요. 같이 강변에 앉아서 서로 농담도 주고받고요. 얼마 전 물리치료사 선생님들과 맛있는 식사를 하면서 하고 하고 싶었던 일에 관해서 이야기를 나누었던 일이 기억에 남아요. 언젠가 아는 형님과도 미래에 관해서 이야기를 나누었죠. 그 형님은 지금 사업가세요. 돈 많이 벌고 싶다더니 그 꿈 이뤘죠. 저도 언젠가 제 꿈이 이루어지기를 희망합니다. 그렇게 큰 꿈이 아니라, 남들과 함께 할 수 있는 삶이요.

뭐 지금은 괜찮아

어렸을 때부터 연약했어요. 유치원에 가기 싫었어요. 머리 자르는 것도 싫었어요. 머리가 마음에 안 들면 온종일 울었던 것 같아요. 너무 우는 날엔 어머니가 미용사분과 언쟁을 하곤 했죠. 왜 이렇게 머리를 잘라줬냐고요. 중학생, 고등학생 때는 더 심했던 것 같아요. 울진 않았지만요. 매일 머리를 덥수룩하게 다녔어요. 요즘 친구들을 만나면 '그때 왜 그랬을까?'라는 생각을 정말 많이 해요. 어떻게 더운 여름에 그런 머리를 하고 다녔냐고요. 우리도 참 이상했다고요.

얼마 전 미용실에 가서 짧게 잘라 달라고 하면서, "요즘 아이들도 머리 기르나요?" 라고 물어보니 "그럼요. 요즘에도 머리 길어서 잘라오라고 해서 자르러 와요."라고 하시더라고요. 저희도 지나보니 왜 그랬을까 라는 생각을 해요. 그땐 몰랐던 거죠. 어른들도 그런 것 같아요. 학생 때는 공부가 더 중요하다고요. 저도 그런 말 많이 해요. 물론 안 그런 친구도 있지만, 학생 때가 좋다고요. 아무 걱정 없이 받은 용돈으로 과자도 사서 먹고 떡볶이도 먹고요. 500원으로 얼마나 행복한지요. 쉬는 시간에 친구와 먹는 빵은 정말 지금 비싼 음식을 먹는 것보다 훨씬 기억에 남아요. 한 번씩 놀러 가는 소풍이나, 여행은 또 얼마나 좋은지요. 체육 시간에 축구 경기를 하는 것만큼 행복했던 것은 없었던 것 같아요. 그때도 시선에 신경을 많이 썼던 것 같아요. 축구를 하다가도 실수로 넘어지거나 하면 제가 다친 게 문제가 아니라, 웃기게 넘어졌을까 봐 걱정했죠. 넘어질 때도 멋지게 넘어지는 게 있을까요. 저희 누나는 출근길 만원 버스에서 넘어졌대요. 부끄러운 점이 더 커서 아픈 줄도 모르고 빨리 갔다고 하더라고요. 주위에 아무도 없었다면, 얘기는 달라졌겠죠. 다들 그런 적 있으실 거예요. 쪽팔려서 아픈 줄도 모르는 상황이요. 거기다가 좋아하는 상대까지 있으면 더 심하겠죠. 저는 그중 조금 더 심했어요. 금방 떨쳐버리면 될 텐데 창피한 게 뭐 어쨌다고요. 상대방은 잠시 웃고 말 뿐인데 말이죠. 저도 그래요. 조금 웃고 말죠. 축구를 하다가 상대가 웃기게 넘어지면, 조금 웃고 경기에 몰두하죠.

나중에 그 친구가 넘어졌는지 생각도 나지 않아요. 배우들은 어떨까요? 망신을 당하는 게 부끄러우면 방송 활동을 할 수 있을까요. 한 개그맨이 일을 그만두었대요. '자식이 나중에 나를 부끄러워하면 어쩌지?' 라고 생각했대요. 이렇게 걱정이 되면 못하죠. 그 생각이 계속 머릿속을 맴돌 것이고 관중들 앞에서 의기소침해질 것 같아요. 결국 그만두었대요. 유명해지길 다들 바라지만, 위험을 감수 해야 될 것 같아요. 구설수에 오를 수도 있죠. 저 또한 누군가 저에게 "너 싫다!" 라고 하면 힘들 것 같아요. 이미 유명해진 분들은 어떻게 버티나 싶어요. 자존감이 많이 높은가 봐요. 어떻게 저렇게 잘 버틸 수 있나 생각했는데, 결국 똑같은 사람이더라고요. 어떤 연예인들은 악

성 댓글까지 하나도 빠짐없이 다 읽고 슬퍼한다고 해요. 조심스러운 얘기지만 자살하는 연예인도 있었잖아요. 우울증, 정말 무섭죠, 얼마나 힘이 들면, 생을 마감할 생각을 했을까요. 살고자 맞는 주사도 무서운데요. 저도 잠이 올 때면 볼펜 끝으로 살짝 허벅지를 찌르는 경향이 있는데, 아플까봐 소심하게 살짝 찔러요.

김창옥 강사님이 말씀했어요. "우울증은 어설프게 착한 사람에게 오는 것 같다."고요. 남들이 '이거 하자'고 하면 하기 싫어도 하고, 누가 뭐라고 하면 계속 생각하고요. '나를 싫어하면 어쩌지?'고민하고요. 나를 좀 싫어하면 어때요, 내가 좋아하고 나를 좋아하는 사람에게 잘 하는 것만 신경을 써도 바쁜데 말이죠. 저도 그랬어요. '나를 싫어하면 어쩌지?'생각하고 또 생각했죠. 그냥 넘기면 될 건데 말이죠. 남들 시선을 의식하다 보니 제가 잘하는 것도 실수하게 되더라고요. 얼마나 저 자신을 뒷걸음치게 만드는 행동인가요?
마음가짐을 바꾸려고 노력해요. 현재도요. 혼자 생각하고 부풀리지 않으려고 노력하죠. 생각만 한다고 해결될까요? 현재에 집중하려고요. 지금 먹는 햄버거만 생각할 거에요. 얼마나 맛있나요. 그 순간을 즐기면 되는데, 걱정부터 하죠. 내일 해야 할 일, 조금 뒤에 해야 할 걱정들 말이죠. 저도 대학 다닐 때 놀면서도 걱정했어요. 공부하고 놀거나 놀 때 노는 것에만 집중 한다거나 하면 되는데 말이죠. 복숭아 막걸리를 처음 먹어 보는 그 맛을 즐기면서도 '하~ 내일 또 학교 간다. 가기 싫어~' '내일은 내가 싫어하는 교수님 수업이네! 가기 싫다.' '이 시간이 멈췄으면' 생각해요.

요즘은 공부를 하면 시간이 너무 빨리 가서 걱정이에요. 뭔가에 몰두하는가 봐요. 재미가 조금 붙는 것 같아요. 대학교 다닐 때 친구들과 밤새 게임 할 때처럼 말이죠. 피시방에서 컵라면과 햄버거 먹으면서 컴퓨터를 합니다. 서로 욕도 하며 깔깔 웃어가며 게임을 합니다. 누가 하지 말라고 막는 사람도 없으니 고삐 풀린 망아지처럼 게임을 하다가 밤을 지새우곤 했습니다. 저는 그래도 이성적인 판단이 많아서 덜 몰두했던 것 같아요. 친구들은 훨씬 심했죠.

루트도 똑같아요. 피시방 → 당구장 → 노래방이요. 그래도 저희는 건전했거든요. 저도 건전해요. 나쁜 짓은 안 하려고 하죠. 저도 나쁜 짓 안 하고 싶을까요? 누군가의 비싼 물건을 가지고 싶기도 하고. 꼼수를 써서 돈을 많이 벌고 싶기도 하고요. 돈을 많이 번다. 얼마나 좋은 일인가요? 제가 사고 싶은 거, 사고 싶고 친구들에게 밥값도 딱 내고 싶고요. 타인의 시선을 의식한 행동들이죠.

아는 형님이 오래된 자동차를 타면서 아무렇지 않게 행동하는 걸 보니 비싼 차를 타고 다니면서 남들 의식하는 것보다 훨씬 멋있더라고요. 저도 그 정도까진 바라지 않지만, 조금 오래된 옷을 입어도 괜찮다고 하고 싶어요. 또 반성합니다. 그렇게 남들에게 따가운 시선을 줬던 걸요.

친구가 조금 별로인 옷을 입고 있으면, 같이 놀고 있다가도 거리낌이 들어요. 무슨 심보였는지, 저도 모르겠어요. 제 기준에서 조금 더 잘생긴 친구들이랑 놀고 싶고요.

나이를 먹든 안 먹든 누군가를 평가해서 판단하는 건 똑같은 것 같아요.

요즘 저는 사람 마음을 보려 합니다. 겉만 번지르르하고 안에 내용은 볼품 없듯이, 비싼 옷 입고. 뚜껑 열리는 외제차를 타고 다녀도 매일 욕하고 짜증 부리고 그러면 저도 기분이 나빠질 것 같아요, 다행히 제 주위에는 그런 친구가 없어요. 끼리끼리 논다는 말이 있죠? 그런 부류의 사람들이면 자기 자신도 짜증내고 욕만 하게 되는 것 같아요. 제가 정말 싫어하는 것 중 하나가 남을 헐뜯고 서로 비난하는 건데, 물론 좋아하는 사람은 없겠죠. '사람을 가려 사귀어라.'라는 말이 있듯이 저는 가리진 않지만, 조금 뒤로 물러섭니다.

한걸음 뒤로 물러서면 한층 성숙한 생각을 할 수 있어요. 뭐든 그렇죠. 운동을 할 때도 뒤로 물러서 생각하면 더 좋은 생각이 나잖아요, 너무 막 붙잡고 있다고 해결되는 게 아니듯이, 인간관계도 한 번쯤 뒤돌아볼 필요도 있지 않나 싶어요, 제 나이가 얼마 안 됐고 이런 사람, 저런 사람 만나보지 못했지만, 느낌이라는 게 있잖아요. '아, 이 사람과 있으면 편하고 좋다. 굳이 재미없어도 같이 있으면 좋다.'라고요

저는 그런 사람이 되고 싶어요. 같이 있어도 좋은 사람 말이죠, 얼마 전엔 친구가 시험을 쳤어요. 기사 시험이었어요. 시험 시간이 6시간이라 친구가 힘들어했어요. 그래서 저녁 사준다고 나오라고 했어요. 통닭을 먹었는데 혼자 그 자리에서 소주 두 병을 마시더라고요, 제가 계산하려고 하니, 자기가 계산하겠다고 고집을 부렸어요. 그래서 과자 사줘서 보냈는데, 그 다음 날 제게 묻더라고요. 계산 누가 했냐고요. 전 한참을 웃었어요. 이렇듯 소소한 행복을 느낄 수 있는 친구가 있다면 사는 게 그렇게 나쁜 것만은 아니더라고요.

제2장
내 삶에 휘몰아친 두려움

제발 다시 걸을 수 있다면

사고가 났을 때 의사 선생님들께서 다시 못 걸을 수 있다고 말씀하셨대요. 부모님께서는 아시고도 말씀을 안 하셨어요. 저보다 훨씬 더 심하게 마음이 아팠겠죠. 못 걸을 수도 있다고 듣는 그 순간 하늘이 무너지는 것 같았어요. 마치 혼자 외딴 섬에 버려진 느낌이라고 할까요? 혼자 깊은 바다를 수영하고 있는 것 같았어요. 끝 없는 곳에서 말이죠. 한번 생각해 보세요. 지금 두 다리를 못 쓴다고요. 만약 다리가 조금만 더 꺾였다면 인대가 끊어졌을 거라고 말해요. 지금도 옆쪽 인대가 얼마 안 남아 있죠.

당연한 것을 못하게 될 때의 좌절감은 말로 표현 못해요. 저는 이제야 장애인에 대한 인식이 바뀌는 것 같아요. 앞을 못 본다고 생각해보셨나요? 혹은 소리를 듣지 못하거나 말을 못 한다고 생각해본 적이 있나요? 얼마나 힘든지 겪어보지 못하면 몰라요. 울산대학교 병원에서 퇴원하고 처음 집으로 잠시 갔던 날도 침대에서 컴퓨터 책상으로 가는 것조차 힘들었어요. 보조기를 차고 있었거든요. 적응하는 데 시간이 필요했어요. 저는 겉으로는 멀쩡해요. 친구들이 "어디가 아프냐?" 고 물어볼 정도에요. 제가 속이 문드러지는 느낌을 아느냐고, 약 때문에 몽롱해져 길에서 사고가 날 뻔한 적도 있다고 하면 놀래요.

보조기를 차고 6개월을 보냈던 것 같아요. 낮에는 차고 생활했죠. 어느 날 물리치료실에서 운동하고 있는데, 선생님이 공을 가지고 놀길래 옛날 생각이 나서 저도 차려다가 넘어져 버렸어요. 지금 생각해보니 웃기네요. 보조기를 차면 제약이 많죠. 그래도 좋았습니다. 걸을 수 있다는 사실이요. 지금은 뛰고 있어요. 더 좋아지면 공도 찰 겁니다. 병원에서는 그런 생각 꿈도 꾸지 말라고 해요. 얼마 전에는 등산도 다녀왔는데. 아버지 친구 분이 그러셨어요. 후에 더 좋아지면 지리산에 가자고요. 꿈에 부풀어있어요. 뭔가 할 수 있음에 감사해요! 물리치료사 선생님과는 짧은 마라톤을 나가보자고 했어요.

아파트 11층에서 떨어졌는데, 살았다는 거요? 기적이죠. 2층 높이에서 떨어져서 정신을 잃으신 분도 계시고, 3층 높이에서 떨어져서 지능이 5살처럼 되신 분도 계시죠. 제가 다친 걸 말하면 놀라지 않는 사람이 없어요. 하늘이 한 번 더 살아보라고 기회를 준 것 같아요. 지금에 충실해야 한다고 생각합니다.

어머니가 잘 우시지는 않는데 얼마 전 우시더라고요. 제가 의연하게 지내지 않아서요.

어머니 말씀이 "나는 네가 아무것도 안 하고 옆에만 있어 줘도 좋다."라고 말씀하셨는데 걱정하고 걱정했어요. 병원에서는 걸을 수 있기만 해도 다행이라고 했는데 말이죠. 처음 보조기를 떼고 걸을 때는 다리에 근육도 없던 상황이라서 한 걸음 한 걸음 디뎠죠. 휠체어에 의존도 많이 하고요. 어머니하고 제가 회복 탄력성이 좋았나 봐요. 어머니랑 휠체어를 탄 저를 밀고 동네를 걸었는데, 지인분이 보시고 '잠시 어디가 다쳤나?'라고 생각하고 말았대요. 표정이 그렇게 슬퍼 보이지 않아서요. 걸을 수 있다는 생각을 끊임없이 했어요. 지금요? 일반인들만큼 걸을 수 있어요. 아버지랑 4시간 정도를 걸었던 적이 있어요. 4시간 동안 걸으면서 느낀 건 시원한 바람 맞으면서 걷는 다는 게 얼마나 큰 행복인지 아버지는 몸이 예민하셔서 매일 걸었어요. 다음 날 걷지 않고 일어나면 속이 더부룩하대요. 항상 저보고 산책가자고 하셨는데, 저는 귀찮아했어요. 요즘요? 저 혼자도 잘 갑니다. 아침에 일어나면 항상 운동을 가려고 하죠. 시원한 공기를 맡으며 풍경을 보며 걸을 수 있다는 사실에 감사해요. 강아지가 다가오는데 무서워서 도망가니까 더 빨리 쫓아오더라고요. 정말 미친 듯이 달렸던 적도 있어요. 그리고 산책을 하면서 제일 좋았던 점은 풍경을 보고 사진 찍는 거였어요. 장소는 똑같아도, 하늘은 매번 다르잖아요. 구름위치도 다르고요. 하루를 기분 좋게 시작할 수 있더라고요. 몸도 건강해지고요. 한 번 해볼 만 하지 않나요. 기분도 좋아지고 건강해지기도 하고요. 오늘도 어김없이 산책을 다녀왔어요. 생각보다 많은 분이 산책하러 나오셨죠. 어제는 비가 오는 지도 모르고 운동 갔다가 비를 쫄딱 맞았어요. 다행히 휴대전화가 방수가 돼서 다행이지 안 되었더라면 생각도 하기 싫네요.

그래도 뭔가 마음이 따뜻해지더라고요. 비가 오면 비가 오는 대로요. 아
침이라 더워 봤자, 견디지 못할 만큼은 아니더라고요. 경기도에 다녀온 적
이 있는데요, 아는 형님 집에서 산책 가자고 해서 걸었어요. 향도 처음 와보
는 곳이래요. 동네에서 지낸 지 1년이 넘어가는데 말이죠. 누군가는 할 수
있는 걸 당연시하면서 안 하지만, 또 다른 누군가는 하고 싶어도 못 하는 그
런 일 말이죠.

아버지의 카카오톡 배경 문구는 '살아 있다는 것은 희망이 있다'에요. 정
말 희망이 있더라고요. 아직 문득문득 말 못 할 불안이 솟구칠 때가 있어요.
그럴 때는 이렇게 생각해요. '잘 견뎌 왔잖아.' '곧 괜찮아질 거야.'라고요. 한
층 낫더라구요.

누워서 수도 없이 생각했어요. 그냥 편안하게 하늘나라로 갔으면 좋겠다
고요. 지금은 약을 먹고 있는 게 큰 도움이 되지만, 그때로 다시 돌아가면 의
연해지지 않을까 해요. 지금도 걱정되지 만요.

얼마 전 TV에서 '세상에 이런 일'이라는 프로그램을 봤어요. 몸을 못 가누
는 40대 여성분이 있었는데 평생을 누워서 생활했다고 해요. 어느 날, 도와
주시는 도우미 선생님께서 공부를 해보는 게 어떻겠냐고 했대요. 그래서 2
년 만에 초등 중등 고등 검정고시를 통과했다고 하네요. 대단하죠. 저는 거
기에 비하면 아무것도 아닌 것 같아요. 희망을 품고 있다는 사람이 있다는
걸 인지하는 건 중요한 것 같아요.

무섭다, 너무 무섭다

'휴대전화를 보는 게 너무 무섭다는 것을 느끼는 게 어떤 감정일까?'라고 생각하는 분들도 많을 거예요. 물론 받기 싫은 연락이 계속 오면 무섭겠지만, 저는 정말 두려웠어요. 동정 어린 위로도 많이 받았고 저에게 안 좋은 말을 한 사람은 없었지만, 저도 모르게 두려웠어요, 아마 만성적으로 시달린 두려움, 외로움, 걱정, 불안 때문일지도 몰라요. 연락 오는 게 무서워 데이터를 꺼버렸어요. 데이터를 켤 때면 이상한 연락이 안 왔으면 했어요. '앞으로 계속이려면 어쩌지?'생각하면서 식은땀을 흘렸어요. 제 앞길이 안 보였거든요.

그렇게 꿈 많았던 제가, '아무것도 할 수 없을 거야.' 라고 생각하니, 걱정으로 가득 찼어요. 처음엔 가족과 있는 것 조차 불편했어요. 가족이 있으면, 누워 있지 못했으니까요. 친구들이 그러더라고요. "정찬이 너, 표정이 없어진 것 같다."라고요.

저도 느꼈어요. 웃는 게 전처럼 잘 안되더라고요. 어느 부분에서 웃어야 하고 어느 부분에서 웃겨야 할지 모르겠는 그런 모습 말이죠. 미치도록 웃고 싶었어요, 그럴 때 있죠. 친구들과 웃음보가 터져서 배가 찢어지도록 웃는 그런 웃음 말이죠. 잘 웃을 수 있다는 건 정말 큰 축복인 거 같아요. 전 잘 못 웃거든요. 억지로 웃는 것도 몸에 좋대요. 그래서 저희 아버지가 예전에 밖에서 막 웃고 계시더라고요. 웃으면 좋다고요. 저도 웃음이 참 많은 아이였어요. 무한도전을 보면서 배가 터지도록 웃었던 적이 있고, 친구들하고는 웃다가 눈물을 흘렸던 적도 있어요. 그렇게 웃고 나면 기분이 좋아지잖아요? 다시 그렇게 웃어보고 싶어요.

친구들의 '괜찮냐?'라는 연락은 반가우면서도 두려웠어요. 나를 신경 써주는 마음은 고맙지만, 문제는 저를 인정해야 하는 부분 때문이었어요. '괜찮냐?'라는 말을 듣는 것도 한두 번이면 되지, 자주 물어보면 일일이 다 얘기 못 하잖아요. 무엇보다 그 사실을 인정하기가 힘들었어요. 또 어느 순간 저는 괜찮은데, 부모님께서 신경 쓰더라고요. 전 팔이 없어도 반소매 입고 나가도 괜찮은데, 부모님은 꼭 의수를 하라고 하셔요.

우리나라는 아픈 사람을 보면 측은하게 여기는 분위기가 있어요. 제가 한 달간 캐나다를 다녀온 적이 있는데, 장애인과 일반 사람을 같이 생각해요. 장애인을 무시하는 게 아니라 도와주면서 함께 사살아가는 존재죠. 그런데 우리나라는 일반적으로 장애인에 관해서 조금 부정적인 선입견을 가지고 있는 것 같아요. "아이고, 젊은 총각이 이러면 어째?" 이런 말을 많이 들었어요. 어르신들은 제가 몸이 불편하다는 걸 알고는 딱하게 쳐다보시죠. 왜 은둔형 외톨이가 있는지 알겠더라고요. 초반에는 방에만 틀어박혀 있었어요.

앞으로의 직업이 걱정되었어요. 뭐하면서 살아야 할지 생각했어요. 한쪽 손이 없다 보니 두 손으로 하는 건 못할 거에요. 업무를 하는데 제한이 많이 있을 거라 생각했죠. 어둠 속을 걷는 느낌이었어요. 아주 깜깜한 터널 속을요. 한 줄기 빛이 있다면 힘이 되어주는 지인들이었어요. 얼마 전엔 저녁에 팥빙수가 먹고 싶었는데, 때마침 동네 친구가 연락이 오더라고요. 우유빙수 먹자고요.

저번 달에는 전주에 다녀왔어요. 친구들이랑 거제도에 가기로 했는데, 전주에 있는 친구를 만나고 싶어 가게 됐죠. 전주는 처음 가봤어요. 전주 한옥마을에는 사람이 정말 많더라고요, 그곳에서 운세도 보고, 커피도 마셨어요.

친구랑 같이할 수 있음에 좋았죠. 어머님께서 맛있는 음식도 해주시더라고요. 정말 맛나게 먹었어요. 친구와는 대학교 때 만난 인연인데 어제도 연락했어요. 이런 친구들이 있다는 사실이 좋더라고요.

이런 친구들이 없었다면 더 무서웠을 것 같아요. 상담 선생님께서 그러시더라고요. "친구는 정말 많은데, 정작 진심으로 도와주는 사람은 적다." 쓸데없는 시간을 흘려보내는 것도 싫더라고요. 게임을 한다거나 아무 생각 없이 TV를 본다거나 말이죠. 저도 TV 보는 것을 정말 좋아하는데요. 요즘은 특별한 일 아니면 잘 안 보려고 해요. 생각도 죽고, 시간이 아깝더라고요.

그런데, 아직 조절 안 되는 게 있어요. 음식이요. 오늘도 낮에 빙수 먹고 저녁은 깨끗하게 먹어야지 했는데, 누나가 치킨 먹자는 말이 다 끝나기 전에 먹자고 했죠. 먹고 나면 별것 없는데, 먹기 전에는 얼마나 먹고 싶은지요. 몸에 안 좋은 거 뻔히 알면서요. '치킨은 사랑입니다'라는 말처럼 치킨은 정말 사랑이에요. 뭔가 생각만 해도 기뻐지죠. 닭튀김은 바삭거림이 생명이에요. 소스에 찍어 먹으면 아주 그냥 제격이죠.

TV도 보고 기분 좋아질 정도로 만 보면 문제없다고 생각해요. 주말에는 '개그콘서트'를 봐요. 어릴 때 친구들과 개그콘서트 보고 나면 그 다음 날 웃음꽃이 피었어요, 따라한다고요. 오늘은 오랜만에 보는데 어떤 재미난 코너가 있을까요. 동심으로 돌아갈 수 있을까요. 동심이 있다는 사실 정말 감사한 것 같아요. 조그만 것에 감사할 수 있다는 사실요.

무서운 삶도 이렇게 작은 것에 감사하다 보면 이겨나갈 수 있을 거에요. 그런 의미에선 전 아직 무서운 걸 보면 덜 헤어 나온가 봐요. 무섭다는 감정을 느끼면 경직되죠. 어린 시절 가족과 전설의 고향을 보고 있으면 혼자 무서워서 아무것도 못 했던 적이 있어요. 밤에 잘 때 무서워서 꼭 발을 이불에 넣고 잤죠. 여름인데도 말이죠. 제 말에 공감 가시는 분들 많을 거예요. 그래서 여름에 무서운 영화를 보나 봐요. 간담이 서늘하죠. 며칠간 그 생각에 뭘 하지도 못하죠. 언젠가 빌라에 살았던 적이 있었는데요, 엘리베이터가 없었어요. 걸어 올라가면서 바깥에 창문을 계속 보게 되죠. 귀신 있을까 봐요.

무서우면 경직되는데, 저는 제 삶에 큰 무서움을 느꼈으니, 생활하는데 경직될 수밖에 없는 것 같아요. 한 번씩 이유도 없이 두려울 때가 있어요. 막연하게, 가슴이 두근두근거리죠. 아무것도 할 수가 없었던 시간이 많아요. 친구들과 재밌게 놀다가도, 맛있는 음식을 먹다가도 환상통, 걱정과 불안이 오면 눕고 싶었죠. 죽어 있는 생활이었어요. 하루에 22시간을 잤어요. 밥 먹을 때 빼고는 종일 자는 거죠. 퇴원하고는 그 정도는 아니지만, 생활하는 것 보다 누워 있는 시간이 많았어요. 삶에 경직이 온 것 같아요. 경직을 풀기 위해선 마사지도 필요하고, 휴식도 필요하겠죠. 약간 두려울 때가 있었어요. 말로 표현하고 싶어도 말로 표현이 안 돼요. 저도 모르는 걱정이 밀려오니까요.

하루는 너무 걱정돼서 면접을 보러 가서도 말을 제대로 못 했던 적이 있어요. 왜 하필 이럴 때 불안이 오냐고 하늘을 탓하기도 했죠.

내 인생은 어떻게 될까

고민을 많이 했던 것 같아요, 하고 싶은 것은 많았는데 잘하는 것은 별로 없었으니까요. 대학생 때는 제가 전기과를 나와서 최종 목표가 한국전력에 입사하는 것이었어요. 혼자 꿈에 부풀어 친구들에게 "야, 나 한전 들어갈 거다"라는 말을 자주 했어요. 지금 생각해보면 참 그때 무슨 자신감으로 그런 말을 했는지 모르겠어요. 그리고 어떤 때는 유명한 영어 강사가 될 거라고 생각했죠. 그래서 외제차를 끌고 다니고, 해외여행도 자주 가고요. 다들 꿈에 부풀었던 적이 있잖아요. 아직도 그렇게 꿈에 부풀었을 때가 있어요. 다 똑같은 거 같아요. 돈 많이 벌고 싶다고요. 돈이 뭐라고 돈이 꼭 행복지수를 높이는 건 아닌데 말이죠. 부자라고 다 행복하겠어요. 어떻게 마음먹기에 따라 달린 것 같은데, 물론 돈이 없으면, 힘들겠죠. 진짜 내가 하고 싶은 일 하면서 지내는 게 더 멋진 것 같아요.

가족들이랑 피자를 먹으러 갔어요. 새로 나온 메뉴를 보고시켰어요. 여느 때와 같이 샐러드 바에 음식을 가득 채워서 먹었죠. 저는 감자 샐러드를 특히 좋아해요. 가족들과 자주 가는 편인데. 감자 샐러드의 단맛과 씹는 촉감은 좋은 것 같아요. 지금도 생각나네요, 그저께는 어머니 아버지와 다른 피자를 먹으러 갔는데, 맛있었는데 2%로 부족 한 거 있죠. 샐러드가 없어서요. 아버지는 비스킷을 좋아하셔서, 마지막 마무리는 요구르트에 달콤한 과자를 넣어 드셔요. 생각만 해도 침이 고이네요. 가족들이랑 피자를 먹으며 이런저런 얘기를 했어요.

어머님 말씀은, 그때 제 나이가 23살이었으니까, 아직 어리다. 친구들이 군대에 나오는 시점인데, 대학을 다시 가는 게 어떻겠냐? 저도 동의했어요. 대학교의 낭만적인 생활도 하고 싶었어요. 공대를 나왔기 때문에, 여자분은 두 명이었어요. 한 명은 야간반을 다녔고 한 명은 교수님이요. 매번 시커먼 남자들과 매일 수업 듣는 생각을 하면 끔찍스럽죠. 그래도 친구들과 마음이 잘 맞아서 정말 재밌게 놀았어요. 축구도 하고요. 같이 맛있는 것도 먹으러 가고, 여행도 가고 그랬어요. 친구들이랑 놀러 갔는데, 친구 발이 자동차 지나가는 바퀴에 쓸려서 한동안 아팠던 적이 있고요. 한 친구는 발톱이 빠져서 병원에 갔던 적도 있고, 온종일 같이 붙어있어도 좋았어요.

대학생활을 재미있게 하고 싶었어요. 친구들이랑 MT도 가고, 여행도 가고, 맛있는 밥도 먹으러 가고요. 근데 한편으로 걱정이었던 건 만약 나와서 할 게 없으면 어쩌지? 그땐 너무 늦은 게 아닐까? 뒤처지는 게 아닐까? 라고 생각이 들더라고요.

아버지가 그러시더라고요, 공무원 공부 한번 해보는 것 어떻겠냐라고요. 아버지는 30년 동안 공직 생활을 하셨어요. 아버지가 저에게 하라고 한 이유가 분명히 있을 거라고 생각이 들었어요. 장애인에 대한 혜택도 있다고 하니, 더 괜찮겠다는 생각이 들었어요. 아버지가 공무원 되신 걸 전혀 후회하지 않는다고 하시니 저도 공감이 갔어요. 제 친구 중에 몸이 조금 불편한 친구가 있는데, 그 친구도 공무원 시험에 합격했어요. 동기부여가 됐죠. '나도 할 수 있겠구나!'하고요.

그래도 걱정되었던 건 사실이었어요. 공부에 손 놓은 지가 한참 되었고, 공부를 할 수 있는 몸 상태가 아니었죠. 다행인 건 나이가 어리다는 거였어요. 친구 중에 연락해보니, 이제 다시 대학 간다는 친구도 있었거든요. 한 번 해보자 마음을 먹었어요. 한결 마음이 편해지더라고요. 이제 다른 생각 안하고 합격만 하자는 생각을 했거든요. 어머니의 말씀도 맞고, 아버지의 말씀도 맞았죠. 절충안을 찾았던 것 같아요. 대학은 나중에 야간으로도 다닐 수 있다고요. 인생은 어떻게 될까 하는 걱정을 정말 많이 했어요.

그런데 답이 나오고 나니 마음이 한결 편하더라고요. 그래도 힘든 점이 있었다면 통증이 있었다는 점, 학원을 못 갔어요. 통증이 자주 와서요. 아버지는 무시하라고 하시는데 전 도저히 안 되더라고요. 아플 때마다 누워서 생각을 많이 했어요. 평생 가면 어쩌지, 얼마나 두려웠는지........

하루 반나절을 누워 있다 보면 사람이 무기력해지죠. 무기력해진다는 것 힘이 쭉 빠져버려요. 아무것도 하기가 싫죠. 친구 중에 한 친구도 수술을 한 적이 있는데 자신도 모르게 가슴이 막 뛰는 때가 있었대요. 평생 가면 어쩌지, 생각을 많이 했대요. 제가 거기다가 "야, 이제 내 심정 알겠냐?" 라고 하니까 그제야 알겠대요. 어떻게 버텼냐고. 사람은 자신이 겪어봐야 그 심정을 알죠. 저도 팔을 잃어 보니까 얼마나 힘든지 느꼈어요.

팔이 없으면 힘든 점이요? 두 손으로 들지를 못하고요, 전화 받기도 불편하고요, 사소한 것까지도 불편해요. 샤워하고 물 닦는 것도 불편하죠. 이런 것 말고도 신발 끈을 못 묶고요, 친구들이랑 게임, 당구도 못해요. 머릿속에 나는 많은 걸 못 해라고 틀에 박혀버리죠.

얼마 전 글을 읽었는데요, 누군가는 '왜, 나는?' 또 다른 누군가는, '어떻게 하면 될까?' 라고 한 대요. 아주 사소한 차이인데, '어떻게 하면 될까?'라고 하면 자기의 가능성을 뛰어넘는 거잖아요. 저도 축구를 좋아했을 때는 '왜 안 될까?' 하는 마음보다, '어떻게 하면 될까?' 라고 생각했어요. 겁이 많아서 헤딩을 못 하니까, 헤딩을 어떻게 하면 잘할지 고민하다 혼자 공을 가지고 벽에다 대고 헤딩하는 연습을 했어요. 어느 순간 자연스럽게 머리에 공을 맞힐 수 있더라고요. 그때의 쾌감은 잊지를 못하겠어요. 그럴 때 있잖아요. 무언가를 할 때 갑자기 탁! 하고 풀릴 때요, 탁구를 배운 적이 있는데, 계속 연습하다가, 어느 순간 잘 될 때 그 느낌은 말로 표현 못 하죠.

누군가의 심정을 알아주는 것은 정말 중요한 것 같아요. 자기만의 생각이 있고 그렇게 이겨냈다고 남들을 자기 상황에 빗대어 얘기하면 안 될 것 같아요. 어떤 여성이 장례식장에서 대성통곡을 하고 있었대요. 알고 보니, 아주 어린 자식을 하늘나라로 보냈던 거죠, 어느 누가, 위로를 한다고 위로가 될까요? "괜찮냐? 힘내~" 라고 말한들 아무 위로가 되지 않죠. 저 또한 그랬어요. 네가 한쪽 팔이 없어져 봤냐고요. 얼마나 힘든지 아느냐고요. 장례식장에서 울고 있는 아이 어머님 곁으로 누가 다가가더니, 같이 부둥켜안고 펑펑 울었다고 합니다. 이유를 보니

"저도, 아이를 잃었습니다."

라고 하더니, 서로 정말 부둥켜안고 펑펑 울었다고 하더라고요. 누군가 의지할 수 있고, 공감을 해주는 사람이 있다면 이겨나가기가 조금은 수월치 않을까요. 저희 아버지를 탓하는 게 아니에요. 저희 아버지는 방법을 얘기하시죠. 남자들의 특성이 그렇대요. '어떻게 하면 헤쳐나갈 수 있을까?' 하고요, 반면 여성들은 공감을 받길 원한대요. 그래서 싸울 수밖에 없대요. 여성은 "아, 그래. 힘들었겠다." 는 말을 기대하는데, 남자들은 "이렇게 해야지." 라고 하죠. 예를 들면 여성들이 아플 때 남자들은 방법만 제시하죠. "운동해야지! 바라봐라 내가 뭐라고 했노? 그러니까 아플 수밖에 없지!" 라고요.

저희 아버지도 저에게 방법을 많이 제시해요. "운동해라.""똑바로 앉아라." "바른 자세로 걸어라." 그렇게 듣기 싫던 소리가 내 입장이 안 돼서 공감을 못 하는 게 아니라 '도움을 주려고 하는 구나' 라고 느낀 후에는 아버지 말에 수긍하기 시작했어요. 공부할 때도 그랬어요. 공무원 공부를 할 때 방향을 잘 못 잡아서, 아버지가 반복 또 반복하라고 하셨어요. 이번엔 아버지 말을 듣고 공부하니 효과가 있었어요. 힘들 때는 자기 자신의 틀에 갇히지 말고 조언에 귀기울이는 것도 좋은 방법입니다.

한 손으로 생활할 수 있을까?

이제는 한쪽 팔이 없다는 것을 완전히 받아들였어요. 한 손으로도 충분히 생활이 가능합니다. 처음엔 운전도 할 수 없을 거라고 생각했어요. 그런데 두 다리가 없어도 운전하시는 분이 계시더라고요. TV에서 닉 부이치치를 봤습니다. 그는 두 팔, 두 다리가 없는데 정말 행복하게 살죠. 그의 행복이 큰 힘이 되었습니다. 감사했지요. 감사하는 마음이 우러나오면 그만큼 좋은 치료제도 없다고 해요. 언젠가 책에서 읽은 적이 있는데요. 누군가에게 칭찬이나 감사를 하면 3배의 기쁨으로 돌아온다고 해요, 첫째로 나의 기쁨, 둘째로 나의 기쁨이 상대에게, 세 번째로 그 기쁨이 나에게로 말이죠. 저도 얼마 전에 아버지께 감사하다고 한 적이 있어요.

"아버지, 아버지가 제 아버지라서 행복해요."

아버지가 기뻐하셨어요. 제 기분도 좋아지더라고요. 제 친구 중에는 이런 친구가 있어요. 성격이 안 좋은 친구와 함께 생활하고 있었는데, "난 네가 내 참을성을 키워줘서 고맙다."라고 한대요.

두 팔, 두 다리가 없는 닉 부이치치는 전국 각지를 돌면서 강의를 해요. "힘내라."고요. 그는 용기를 받아야 할 사람이라고 생각하는데, 오히려 힘을 주는 존재가 되었죠. 정말 멋있지 않나요? 장애를 장애라 생각하지 않는 멋짐, 정말 대단한 것 같아요. SNS에서 한 손이 없는 보디빌더를 본 적이 있어요. 그걸 보니 한 대 맞은 느낌이었어요. 이가 없으면 잇몸으로 산다고, 팔이 없으니 끈을 만들어 끈을 절단된 팔에 대고 근력 운동을 하더라고요. 저는 '팔이 없어서 팔굽혀 펴기를 못해.' '팔이 없어서 허리 운동을 못해.' '팔이 없어서 운전도 못 할 거야.' 하고 생각했죠. 그런데 다 할 수 있습니다. 조금 불편할 뿐이에요. 물론 두 손으로 들어야 되는 건 못해요. 그건 누군가에게 도와달라고 하면 돼요. 얼마 전 헬스장에서 운동하고 있는데, 트레이너 대표님께서 말씀했어요,

"너는 왜 팔이 없어서 못 하겠다고 하는 거야? 팔이 있었을 때도 나만큼 열심히 했어? 팔 없고 다리 없는 사람도 너보다 열심히 운동한다."

운동은 몸에 구애받지 않고 할 수 있어요. 장애인 체육관에서 만난 70세 할아버지는 저보다 힘이 더 세요. 그러기 위해서는 자신의 한계를 한 단계 한 단계 넘어서야 하죠. 효과는 바로 나타나지 않아요. 건강을 위해서 꾸준히 해온 사람은 나중에 웃어요.

저도 인스턴트 제품을 좋아하는 편입니다만, 요즘 아이들은 정말 많이 먹더라고요. 지금 당장은 맛있겠지만 나중에 후회하겠죠, 그렇게 먹지 말 걸 하고요. 후회하면 뭐 해요. 혹시 나중에 아프게 되면 힘들 텐데요.

건강은 미리 지켜야 해요. 팔 하나 없는 거요? 충분히 생활이 가능합니다. 조금 불편할 뿐이죠. 한 손만 사용해야 하기 때문에 전화를 받기가 힘들어요. 통화하면서 메모해야 할 때도 있는데 전화기를 떨어뜨렸던 적이 한두 번이 아니고요. 버스에서 한 손으로 봉을 잡고 가는데, 넘어질 뻔한 적도 많았어요. 제가 의수를 하고 있으면 겉으로 멀쩡해 보여서 다른 사람들이 장애인이라 판단하기 어려워요. 다리도 많이 불편한데, 어느 날은 버스에 올라 장애인석에 탔는데, 나이 드신 할머니가 오시더라고요, 비켜드려야 할 것 같아 일어서는데 제가 몸이 더 안 좋은 걸 보시고는, 앉아 있으라고, 고맙다고 하시더라고요.

그래도 얼마나 감사한 일인지요, 처음엔 버스에 타지도 못할 정도로 몸이 안 좋았고 아직 조금 불편한 감은 있지만, 팔이 없다고 누군가에게 도움을 못 드리는 건 아니잖아요. '나도 누군가에게 도움이 될 수도 있는 존재구나' '누군가에게 도움이 될 수 있다는 것 참 멋진 일이구나' 뿌듯합니다. 어릴 때 제 꿈은 강사였어요. 누군가에게 힘이 될 수 있는 그런 꿈이죠. 중학교 때까지는 공부를 곧 잘해서 친구들이 저에게 모르는 문제를 물어본 적이 종종 있었어요. 문제를 가르쳐주면서 제가 모르고 있었던 것은 한 번 더 공부할 수 있는 계기가 되었습니다. 친구는 고맙다고 하고요. 그때의 기분을 잊을 수가 없어요. 다 같이 있어야 살아가야 하잖아요. 아무리 잘살아도 이 세상에 혼자만 있다면 살아갈 의미가 있을까요? 이 세상에 혼자라고 생각했던 적이 있어요. 아파서 혼자 집에 있었을 때, 얼마나 가슴이 아렸냐면, 누가 재잘재잘 떠들어 줬으면 좋겠다고 생각했어요. 또 제 얘기를 누군가가 들어주기를 바랐죠.

"사람들이 원하는 모든 것은 자신의 얘기를 들어줄 사람이다." 휴 엘리어트

사람이 고팠습니다, 그래서 SNS를 볼 때면, 마음이 아팠죠. 혹 저와 친한 친구가 놀러가면, '나도 같이 놀고 싶은데.' 라고 생각했어요.

지금은요? 저의 친한 친구가 같이 놀고 있으면, 재미있게 놀다오길 바래요. 마음이 성숙해졌나 봐요. 친구들이 저에게 뭐라고 해도, "어 그래~" 넘겨요. 심지어 "팔이 하나 없어도 잘 사는데." 이런 말을 들어도 그러려니 하죠. 딱히 저에게 상처 주는 친구는 없어요. 대인관계가 원만해서요. 친구내가 먼저 진심으로 대해주니 친구들도 진심으로 대해줬어요. 누군가가 옆에 있어 준다면, 힘들어도 이겨나갈 수 있을 것 같아요,
이젠 어떤 어려움도 이겨나갈 수 있을 것 같아요. 많이 힘들어 봐서 알아요. 제 곁에는 든든한 가족이 있었어요. 밥을 먹으면서 시시콜콜한 대화를 나누어요. 힘든 일도 나누고, 재미난 이야기도 나누면서 제 마음도 조금씩 회복되어 갔어요. 마음의 상처는 누구나 받을 수 있다고 생각해요.
누군가 옆에 있다면, 더할 나위 없이 회복 속도가 빨라져요. 회복을 빨리 한다는 것은 삶에 대한 면역이 높은 거에요. 누군가에게 심한 상처를 받을 때가 있죠? "너 싫어."라는 말을 듣는 것보다 받아들이기 힘든 말도 없을 거에요.
저 또한 마음이 여렸어요. 누군가와 싸우면 계속 생각나고, 걱정하고, 그

걱정이 또 다른 걱정을 만들었어요. 혼자 앞의 일을 생각하고 분석하죠. 미래가 그렇게 되지도 않을 건데 말이죠. 현실에 집중하는 것이 더 좋을 것 같아요. 여러분들도 현실에 행복을 느끼는 건 어떨까요. 같이 있는 사람의 소중함에 관해서 생각해보세요. 사람은 쉽게 죽지 않아요. 힘든 상황에서도 희망을 품고 사는 사람도 많아요, 생각만 바꾸면 행복해질 수 있어요.

혹시 혼자 힘들어하나요? 주위에 누군가 도와주고 있다는 사실을 알았으면 합니다!

백지가 되어버린 내 꿈

저는 고등학교 때까지 제가 무엇을 정말 잘하는지 몰랐어요.'한 우물만 파라'고 하는 어른들께서 말씀하시는데, 전 제가 그렇게 좋아하는 것도 없고 걱정이 많아서 한 가지에 몰두하지 못했어요. 공부할 때도 말이죠. 부모님께서 중학교 때 그러셨어요. 주요 과목만 잘해도 된다고요. 그런 말도 있잖아요. 덧셈, 뺄셈만 잘해도 먹고 사는 데 지장 없다고요.

그래도 걱정이 눈 앞을 가려 한 가지에 몰두하지 못했어요. 다시 그때로 돌아간다면 제가 흥미를 느꼈던 일에 더 초점을 맞출 것 같아요. 지금은 영어가 재미있는데, 영어를 정말 열심히 해보고 싶어요. 지금 질병 휴직으로 쉬면서 영어공부를 꾸준히 하고 있어요. 뭔가에 몰두할 수 있다는 것, 정말 멋져요. 물론 끈기도 필요로 하고요.

병원에 있었을 때는 움직이는 것조차 힘들었어요. 뇌출혈로 입원한 한 아저씨는 운동을 정말 열심히 해서 많이 돌아왔다고 말씀했어요. 앉았다 일어나길 몇 백 번씩 하고, 계단을 많이 내려갔다 올라가길 반복했다고 해요. 저는 못할 것 같더라구요.

벽에 부딪힌다면 돌아서서 포기하지 말아요.
어떻게 벽에 오를지, 뚫고 갈 수 있을지, 돌아갈 순 없는지 생각해봐요.
_마이클 조던

어느 순간 노력하는 제 모습이 보이더라고요. 저는 생각합니다. "나도 열심히 할 수 있다." 라고요. 요즘 SNS에는 몸짱 열풍이 불고 있어요. 가끔 약물을 사용하는 병폐도 있죠. 어쨌거나 그만큼 노력한 거잖아요. 노력했다는 사실이 가치 있다고 생각해요. 문제는 몸을 가꾸고 그것으로 돈으로 벌 생각을 하니 잘못된 거죠.

정말 열심히 하고 어느 수준에 올랐을 때는 이렇게 생각이 들더라고요. "나도 해봤어!" 라고요. 학창시절 겁이 많아 모든 과목을 찔끔찔끔 공부했어요. 성적이 나쁜 건 아니라서 '어느 대학을 갈까?' 라고 고민하고 있었죠. 며칠 간 골머리를 썩였어요. 성적이 어중간해서 좋은 대학에 갈 수 없었죠. 그렇게 고민하던 찰나, 친구가 전문대를 간다고 하더라고요.

"야, 거기서 뭐 할 건데?"

"응, 나 생산직 대기업 가서 마음 편히 돈 벌 거야."

'아, 이거다!'

그래서 저도 전문대를 가려고 마음먹었어요. 당연히 합격했죠. 장학금을 받고요. 담임선생님이 성적이 아깝다고 했어요. 하지만 어중간하게 원하지도 않는 학과를 가서 힘들어할 바에는, 생각을 바꿔보기로 했어요.

그때 자만했던 것 같아요. 성적이 조금 낮은 친구들, 저보다 열심히 공부했는데 성적이 좋지 않으면 깔보았던 것 같아요. 겸손해야 하는 데 말이죠. 자만에 빠져서 친구도 마음대로 판가름하기 시작했어요. '얘는 별로야.' '얘는 이래서 싫어.' 라고요. 누군가 저에게 '너 이래서 만나기 싫다.'고 했다면 가슴 한구석이 시릴 것 같아요. 그렇게 방학이 시작되었고, 꿈에 부풀어서 집에 왔어요. 그리고 사고가 났죠.

한순간에 제 꿈은 물거품이 되었어요. 친구들을 제 잣대로 판가름하기도 했지만 친구들에게 나쁜 짓은 하지 않았고 도움을 주려고 했었어요. 친구들에게서 연락이 왔죠. 병원에서 '내가 무엇을 할 수 있을까?' 라는 생각을 수도 없이 했어요. '몸 쓰는 건 하기 힘들겠구나.' 생각했어요. 대기업에서 생산직으로 일하고 싶었는데 입사가 가능할지 몰랐어요.

병원에선 그랬어요. "할 수 있다" 고요, 그런데 사람이 마음을 열고 들을 때가 있고, 아무리 말해도 와 닿지 않을 때가 있죠. 저는 후자였어요. '내 상황 되어 봤어요? 얼마나 힘든데요. 나도 하고 싶어요. 그런데 되겠어요?' 퇴원하고 나서도 '나는 안 돼.'라는 생각을 끊임없이 했죠.

아버지는 여러 가지 방법을 설명해주셨어요. 이렇게 해라. 저렇게 해라. 저는 그냥 힘들다고 하면 그저 공감해주길 바랬어요. 하루는 너무 화가 나서, 그냥 죽어버리고 싶다고 말했어요. 절대 해서는 안 될 말을 했죠. 아버지 눈에 눈물이 맺히셨어요.

저도 힘들었지만, 부모님의 마음은 얼마나 힘드셨을까요? 요즘은 의연해지려고 노력합니다. 가슴이 저도 모르게 뛸 때도 있고 지금도 한쪽 가슴이 휑 할 때도 있지만, 저를 바라보는 어머니, 아버지 생각하면 저는 아무것도 아니다는 생각이 들죠. 온종일 누워서 망연자실하고 있을 때, 안 누워 있는 척했지만, 어머니, 아버지는 아셨을 거예요.

꿈이 무산되니 어떻게 해나가야 할지 모르겠더라고요. 꿈이 눈 앞에서 떠다니는데, 잡을 수 없는 느낌이었어요. 꿈이 있고 그것에 집중할 수 있다는 것도 축복인 것 같아요.

백지가 되어버린 내 꿈에 누군가 그림을 그려주도록 도움을 준다면, 기분 좋게 이 백지를 없앨 수 있지 않을까 하고요. 힘들어도 쉽게 이겨 나갈 수 있는 꿈이 있다면, 멋진 미래를 꿈꾸면서 헤쳐나갈 수 있을 거라 생각합니다. 생각만 하지 말고 행동으로 옮기는 것도 좋을 것 같아요. 생각이 많으면, 시도조차 못 하잖아요. 대학 시절의 꿈을 이루진 못했지만, 요즘은 또 다른 꿈을 꾸고 있어요.

어머니가 슬픈 게 싫을까봐

통원 치료를 하기 시작했습니다. 퇴원하니 정말 좋았어요. 입원실의 축처지는 공기가 힘들었어요. 하지만 집에 와서도 누워 있는 시간이 많았어요.

아침 9시 30분쯤 일어났어요. 어머니가 동네 목욕탕에서 목욕하고 오는 시간이었어요. 어머니는 아침에 일찍 목욕을 가시죠. 유일한 낙이세요. 아침에 가면 어머니 친구분들이 와 있대요. 새벽 5시에 문 열자마자 오는 분도 계신가 봐요. 어머니는 밥 차려주시고 가셨어요. 물론 얼마 전까지만 해도 안 먹었죠. 하지만 식욕이 왕성해서 탈이에요. 힘이 없을 때는 먹는 게 고역이었는데, 조금씩 활력이 생기니, 맛있는 음식이 눈에 들어왔어요. 어제 통닭을 먹었는데 오늘도 먹고 싶어져요.

큰 충격이었는지 어느 순간부터 말하는 방법을 까먹었었어요. 웃는 것도 잊고 웃음 포인트도 잊었어요. 친구들이랑 웃고 떠들던 시절이 그리웠어요. 오랜만에 대학을 다니던 대구에 갔어요. 친구들을 만나 저녁을 먹으면서 얘기를 했어요. "우리 그때 그랬지." 하고요. 군대를 막 전역한 친구들이 많아서 군대 얘기를 막 하면서 웃더라고요. 저는 그냥 가만히 있었어요.

술 게임도 했는데, 그때도 안 웃어지더라고요. 친구들이 그러더라고요. 말수가 줄었다고요. 예전 같으면 말도 많이 하고 웃기도 했을 텐데 말이죠. 친구들과 오랜만에 만나서 좋았어요. 웃음도 조금씩 생겼죠. 어머니 앞에서도 웃어야 할 텐데, 라고 생각했어요. 평소에는 늦게 일어났던 제가 친구들과 어울리는 날은 저도 모르게 빨리 일어났어요. 어머니께서 걱정할까봐 전화했죠. 그때가 여름이었을 거예요. 친구들이 바닷가로 가자고 해서 바닷가로 출발하게 됐어요. 친구들이 버스에서 자더라고요. 도착해서 몇 명, 몇 명 나뉘었어요. 모여서 바닷가에서 수영하고 놀다가 저녁을 먹으러 가는 도중 너무 피곤했는지 코피가 났어요.

먼저 집으로 돌아왔죠. 어머니는 매일 누워만 있던 제가 밖에 나갔다 왔다며 기뻐하셨어요. 그리고 친구들에게도 감사해하셨고요. 친구들이 저희 집에 놀러 온 적이 있는데 어머니가 맛있는 음식을 대접해주셨어요. 요즘은 누워있는 시간이 줄었어요. 아직 가야 할 길이 멀지만, 요즘은 좋은 글을 많이 읽어요.

작심삼일이 되지 않도록 노력해요. 어떤 책에서 그러더라고요. 작심삼일을 이기다 보면 습관이 된다고요. 처음 진득하게 앉아있는 게 힘들지만, 계속 앉아 있다 보면 습관이 돼요. 운동을 매일 하던 사람이 운동을 하루 빼먹으면 찝찝하듯이 말이죠. 저도 요즘 글을 쓰는 게 힘들지만 습관이 될 수 있도록 노력 중입니다.

계속 누워 있다 보면 자기도 모르게 또 눕듯이, 습관이 중요한 것 같아요. 태릉선수촌에서 선수들이 하루만 운동을 쉬면 몸이 알고 이틀을 쉬면, 내가 알고 삼 일을 쉬면 상대가 안다고 해요. 얼마나 노력을 해야 하는지, 전 느꼈어요. 제가 힘든 것은 아무것도 아닐 수 있겠구나 라고요. 진짜 축구선수들을 보면서 '왜 저것밖에 못 하지?' 하는데 저번에 한 축구 선수가 "너희가 한번 뛰어봐." 라고 말했어요. 저도 그 생각 했어요. 아니, '밥 먹고 운동만 하는데, 왜 저것 밖에 못할까?'하고요. 군대 다녀온 친구들이 그래요, 군대에선 공차는 시간이 정말 많다고요. 선수 출신 동기들이랑 같이 생활하다가 공을 차면 '뭐, 저렇게 잘 차지? 날아다니는 것 같대요. 골키퍼요? 거미손이 따로 없다고. 공격수로 뛰어도 우리보다 잘한다고. 상대방의 심정을 모르면 함부로 판단해서 생각하면 안 될 것 같아요. 처음엔 저도 공 찰 때 잘 차는 친구들과 차려 하고 그랬는데, 못 차는 친구들이랑 웃고 떠드는 것도 재밌더라고요. 저는 운동 습관을 키워서 몸이 얼른 많이 회복돼서 친구들이랑 축구도 하고 싶어요.

정말 소박한 꿈이죠. 행복이 따로 있는 게 아니더라고요. 어머니랑 요즘 그런 대화를 해요. 더울 때 에어컨을 틀어놓고 맛있는 음식을 먹는 게 행복이라고요. 요즘 아기 엄마들은 너무 행복을 찾으려나 봐요, 카페에 가면 아기 엄마들이 수다 떨면서 커피 마시죠. 그렇게 비싼 가격은 아니지만, 싼 가격도 아니죠. 4,000원 정도 하는데, 와 커피 4잔이면, 옷을 한 벌 살 수 있는데 라는 생각이 들더라고요. 제가 구두쇠는 아니지만, 생각보다 아깝더라고요. 요즘은 1,000원 1,500원 하는 커피도 나오니까 커피 마시고 싶을 땐 싼 커피를 찾는 것 같아요. 저희 어머니는 돈을 허투루 안 쓰셔요. 물론, 쓰실 땐 잘 쓰시죠. 다른 어머님들처럼 명품 가방 하나 없고요. 다른 어머님들처럼 매일 골프를 치러 다니시지 않아요. 맛있는 것 먹으러 가지 않아요. 저희 한데 쓰시죠, 저는 어머니가 존경스러워요.

저에게 계속 주위를 맴도는 버릇이 생겼어요, 후에 말씀하시던데 어머니는 걱정하셨다고요. '쟤가 왜 저러지?' 하고요. 저도 걱정하면서 저도 모르게 주위를 맴돌고 있더라고요. 그런 말 할 수 있을 거예요 저도 "내 상황이 되어 봤어?" 라고요. "너도 내 상황 돼보면 가만히 못 있을 거야."라고요. 걱정이 삶을 지배하는 때였어요. 의사 선생님께 물었어요. "왜 이렇게 나약하고, 의지가 약할까요?" 그랬더니 선생님께서 말씀하시더라고요. "의지 문제도 있는데, 의지로 안 되는 문제도 많습니다."걱정이 많으면요. 잘 되는 것도 안돼요. 온종일 힘들다고 생각해보면 될 것 같아요. 밖에 나가는 것도 두렵고요. 하루 온종일 걱정만 하다가 시간을 다 보내요. 좋은 생각만 해도 하루가 짧은데 말이죠. 좋은 생각 하려고 노력하고 있어요. 저희 집에 매일 오는 좋은 생각이라는 책이 있는데요, 힘든 사람도 많고 그분들이 힘든 상황 속에서 이겨내려고 하는 모습이 정말 멋져요. 소소한 행복 말이죠. 저는 요즘 아침에 산책하는 게 그렇게 좋더라고요.

여름이라도 해가 안 뜨면 그렇게 덥지도 않아요. 오늘도 다녀왔는데요, 기분 좋게 생활하자고 마음먹었어요. 하루를 상쾌하게 시작하면, 훨씬 하루가 마음이 편안하더라고요. 그런데 일찍 일어나지 않으면 또 자책합니다. '왜 못 일어나지?' 라고요. 그냥 내 몸이 피곤해서 그런가보다 라고 하면 되는데 말이죠. '다음 날에는 일찍 일어나도록 노력해야지.' 하고요.

그렇게 생각하고 넘기면 되는데 말이죠. '왜 이렇게 힘들까?' 하고 생각해보니, 저 자신의 문제였어요. 핑계일 수도 있지만, 제 생각 안에 갇힌 거잖아요. 박차고 나가려고 고군분투 중입니다. 어떨 땐 힘들 때도 있죠. 운동하는데 마음처럼 안 될 때처럼요. 지금은 한 손으로 팔굽혀 펴기를 할 수 있는데, 생각보다 시간이 오래 걸렸죠. 하지만 차근차근 도전하여 한계를 뛰어넘었어요. 처음에는 한 개 하기가 힘들었는데, 한 개를 딱 하고 나니, 속도가 붙기 시작하더라고요. 많이 했을 때는 8개 정도 했던 것 같아요. 처음에 할 수 있겠느냐고 했는데, 되더라고요. 아버지가 하시는 말씀이 있어요.

"할 수 있다!" 라고 마음먹으면 할 수 있다고요. 요즘은 철봉에서 턱걸이 연습을 하고 있어요. 아직 매달리는 것도 힘들죠. 손도 아프고요. 건강을 위해서 좋은 몸을 위해서 노력하고 있어요. 어떻게 보면, 감사해야죠. 걷지도 못할 거라고 했었는데 말이죠. 윗몸일으키기도 처음엔 10개도 못했는데, 며칠 전에 작업치료사 선생님과 윗몸일으키기를 했는데 1분에 70개 정도 하게 되더라고요, 체대 준비하는 애들이 1분에 80개 정도 한다고 하더라고요. 이제는 목표가 80개입니다. 몸이 아파서 시작했던 운동이 저에게 활력을 얻어 줬어요. 어머니가 슬플까봐 매일 방안에서 걱정만 하던 제가, 요즘은 놀러도 다니고 친구들도 만나러 다닙니다. 힘든 순간도 많지만, 부모님 생각하려고요. 힘들 때 마다요.

누군가와 만나는 것에 대한 두려움

팔이 없다는 것. 아직도 제게는 트라우마로 작용하고 있어요. 어렸을 때 목욕탕에 갔을 때, 다리가 절단된 분을 본 적이 있습니다. 그때 아버지께

"아빠, 저 사람 좀 봐. 다리가 없어."

라고 말했죠. 그런데 요즘 제가 목욕탕에 가면, 조그마한 아이들이 "저 형 봐. 팔이 없다." 고 말하더라고요. 아이들이 "왜 그래?"라고 물어보면, "형이 17대 1로 싸우다 그랬어."라고 농담합니다. 지금이야 웃으며 말하지만, 처음에는 힘들었어요. 여름에도 긴 옷을 입었어요. 반소매 옷을 입으면 티가 너무 많이 나니까 긴 셔츠를 입고 다녔죠.

여름은 저에게 고역이었어요. 땀을 줄줄 흘리면서 자존감은 더 떨어졌죠. 제가 원하는 옷을 입기 어려웠고 여름에도 주머니가 있는 재킷을 찾았죠. 급기야 몸에 두드러기도 많이 났어요. 그 때문에 아직도 고생하고 있어요.

계곡에 놀러 가면 수영하고 싶은데, 옷을 벗지 못하겠어요.

저는 이제는 팔이 없는 것에 관해서 슬퍼하지 않아요. 다만 불편할 뿐이에요. 한 손으로 병 따기가 힘들다는 것, 버스를 타는 게 힘든 것, 물건을 드는 게 힘든 것, 그 정도일 뿐이에요.

11층에서 떨어져 살아난 것도 기적이죠. 하필 나뭇가지가 제 팔을 절단해버린 거에요. 만일 팔이 아니라 장기를 찔렀다면 살아남지 못했을 겁니다. 어떻게 딱 팔만 절단시켰는지, 또 오른팔이 아니라 왼팔을 절단시켰네요. 다리는 조금만 더 꺾였어도 인대가 끊어져 버렸다는데, 이렇게 살고 있는 것이 그냥 기적이죠.

하지만 그것도 잠시일 뿐, 두려움이 엄습해왔어요. 누군가와 만나는 것 자체가 무서웠거든요. 세상에서 제일 무서운 걸 꼽으라면, 사람 만나는 거에요. 세상은 혼자 살아가는 것이 아니잖아요. 사람들 앞에서 말하는 게 두렵고, 같이 있는 것 자체가 힘든다는 건 말도 안 되는 거에요. 심지어 정말 친한 친구와 있는데도 불안하더라고요. 여름에는 수술 자국 때문에 반바지를 입기도 불편했어요. 저도 징그러운데, 다른 사람들은 어떻게 생각하지 두려웠어요. 더워 죽겠는데도 긴바지, 긴 옷을 입었어요. 자존감은 더욱더 떨어졌어요.

하지만 이제는 짧은 바지, 반소매 옷도 잘 입습니다. 물론 주변의 시선이 그렇게 좋지만은 않다고 하셔요. 저도 그렇게 느꼈고요. 일단 뒤로 물러서서 행동하죠.

팔이 없다는 생각 자체는 다른 사람이 나를 가두는 게 아니라, 저 자신이 저를 가두게 합니다. 나도 모르게 저의 불행을 자꾸만 알리게 되었어요. 아프다, 힘들다……. 남들은 관심없는 데도 말입니다. 한심해요.

제 요점은 이래요. 혼자 너무 걱정 하지 말자라고요.

두려울 땐, 한 번 부딪혀 보자고 생각해야 해요. 약간의 긴장감을 가지고 생활하는 거죠. 너무 안일해 버리면 무기력해진대요. 너무 걱정하지 말고 너무 안일하지 말고요.

저도 장점이 많더라고요. 장점만 쭉 나열해보니 '나도 괜찮은 사람이야' 라는 생각이 들더라고요. 타인과의 비교는 정말 나쁜 습관이에요. 그러면 끝도 없죠. 나보다 돈 많은 사람은 꼭 있을 거고, 나보다 인기 많은 사람도 있을 거고요.

인기가 많다고 꼭 행복한 건 아니겠죠. 그만큼 시샘하는 사람도 많을 거에요. 유명해지고 싶고, 돈 을 많이 벌고 싶지만 정작 그 상황에 닥치면 힘들 거에요.

처음엔 가족들이랑 있는 것도 불편했어요. 누워만 있다보니 부모님이 못하게 했어요. 아버지가 회식하고 오는 날이 좋았어요. 누워서 TV를 볼 수 있었으니까요. TV를 보는 건지 잠을 자는 건지 모를 정도로 많이 잤어요.

누워서 바둑을 봤어요. 어릴 때 바둑을 조금 배웠거든요. 병원에선 나이 많으신 아저씨들하고 바둑을 두기도 했었어요. 요즘 알파고 때문에 바둑에 사람들의 관심이 커졌는데 프로들은 몇 수 앞까지 내다볼 수 있는지 가늠할 수 없을 정도라고 하네요. 바둑을 보고 있으면 눈이 스르르 감기더라고요.

한 1시간 30분 정도 보고 공부를 조금 하죠. 그 당시에는 공무원 준비를 하고 있었거든요. 도서관을 다녀올 때도 있었는데, 4시 30분 정도까지 보고 또 누워 있었던 것 같아요. 환상통이 올 때도 있었고 공황장애가 올 때도 있었고, 다리가 흔들릴 때도 있었거든요.

아까운 시간들이에요. 요즘은 누워서 눈 감고 있을 바에는, 영어 라디오를 듣자고 마음먹었어요. 라디오를 듣고 있으면 새로운 것도 알게 되고, 영어에 대해 자신감도 생기니까요.

처음엔 가족들과의 만남도 두려웠고 친척들과의 만남도 두려웠습니다. 친척들과 만나서 오순도순 얘기했던 방법을 잊은 것 같아요. 사촌 형을 만나고 온 날이었어요. 형이랑 이런저런 얘기를 나누었죠. 네 그때 잠꼬대해서 내가 뭐라고 했다고, 둘 다 축구를 좋아해서 새벽에 축구 보면서 이런저런 얘기도 하고요. 친척들이 있다는 것이 좋고, 같이 있는 것도 좋은데, 만나는 것이 두려웠죠. 빨리 집에 가고 싶고, 뭔가 불편했어요.

저는 사람들끼리 만나서 싸우는 게 참 안타까워요. 정말 잘 지내고 서로 도와주고 하다가 돈 때문에 싸우는 거요. 저도, 돈 때문에 싸울 수 있겠지만, 적어도 저 자신에게는 돈으로 앙금 생기게 하지 말아야겠다고 생각해요. 친구에게 돈을 몇 번 빌려준 적이 있는데, 갚지 않은 적이 있어요. 얼마 안 되지만, 신경 쓰이더라고요. 친구들끼리 돈 관계는 확실히 해야 한다는 걸 느꼈죠. 친한 사이일수록 예의를 갖춰야 해요. 저는 욕설을 거의 하지 않아요. 그런데 어떤 친구는 욕을 해야만 재미있고, 이야기가 통한다고 해요. 그런데 전 그렇게 생각하지 않아요. 그냥 욕하는 사람 주위에는 욕하는 사람이 붙는 것 같아요.

제3장
내가 겪은 고통, 이제는 말할 수 있다

환상통

어느 순간, 저에게 환상통이라는 크나큰 재앙이 찾아왔어요. 죽고 싶다는 생각이 들 정도였어요. 아파요. 그냥 아파요, 팔을 뭔가가 꽉 쥐고 있는 것 같아요. 팔에 피가 쏟아내리는 기분이었어요.

예를 들면, 놀이공원에 있는 롤러코스터 타는 기분 있죠, 피가 쏠리는 기분이에요. 그 이상은 속이 울렁거려서 도저히 못 타겠더라고요.

어지러움을 많이 타는 편이라 어릴 때 할머니의 집에 갈 때는 비닐봉지를 가지고 다녔던 적도 있지요. 할머니 의 집으로 가려면 산을 넘어야 하거든요. 자주 토했어요. 나이가 들면 멀미는 사라지는 것 같아요. 요즘은 차를 탄다고 어지럽지는 않거든요.

환상통이 오면 먹기도 싫어요. 아무것도 못할 것 같은 기분이 들어요. 치킨 앞에서도 입맛이 뚝 떨어지죠. 치느님 앞에서도 입맛이 떨어질 정도면

말 다 했죠. 족발, 치킨, 피자 생각만 해도 군침 돌죠, 어떻게 이렇게 맛있을까요. 대학생 시절에는 음식 못 먹는 사람을 이해하지 못 했어요. 전, 어머니가 콩밥을 해주셔도 잘 먹었거든요. 거의 다 먹는데 못 먹는 것보다는 거리감이 있는 음식이 있어요. 굴이요. 뭔가 모르게 거북스럽더라고요. 먹을 수는 있는데, 특유의 냄새가 걸려요. 그런데 개불, 미더덕은 또 잘 먹어요. 친구들이랑 회를 먹으러 갔는데요, 저는 미더덕 해삼 다 먹었어요. 친구들은 안 먹더라고요. 몸에도 좋죠. 그래서 굴은 억지로 먹어요. 저도 건강 엄청 챙기거든요. 아버지를 닮았나 봐요.

아버지는 정말 예민하셔요. 거의 15년 가까이 저녁 약속 없으시면 걸어 다니셨어요. 약골이라 감기도 많이 걸리셨는데, 어느 순간부터 정말 건강해지셨더라고요. 한 번씩 아버지와 산책가면, 아버지가 건강해지셨다는 게 느껴져요. 피곤해하지도 않으시고 바른 걸음으로 걸어 다니셔요. 아버지와 걸으면 항상 들르시는 곳이 있어요. 운동기구 있는 곳이요. 거기서 팔굽혀펴기 30개, 윗몸 일으키기 100개, 턱걸이 3개 정도 하시죠. 어떻게 저렇게 철두철미하시지 하고 놀라요. 본받고 싶어요.

누군가를 멘토로 삼고 있다는 것 좋은 것 같아요. 멘토로 삼고 행동하면 좋은 에너지를 풍길 수 있는 것 같아요. 누구든지 상관없는 것 같아요. 배울 점이 있는 분이면 더 좋죠. 선한 영향력을 끼치고 있는 분을 보면 가슴이 뛰잖아요.

제가 공무원 공부할 때, 영어 강사님이 참 좋으셨어요. 누군가는 그 선생님 수업을 들으면 잠이 온다고 했지만 저는 좋았어요. 상대적이겠죠. 저번에 정신건강의학과 선생님 중에 한 분이 강의 때 그러시더라고요. "나를 좋아해 주는 사람은 2명 있고, 나에게 관심이 없는 사람이 7명, 나를 싫어하는 사람이 1명 있다."고 하더라고요. 내가 아무리 잘해도 싫어하는 사람이 있다고요.

제가 대학을 다닐 때 모두에게 잘 보이고 싶어서 노력했던 적이 있어요. 아무리 노력해도 저를 싫어하는 사람이 있더라고요. "쟤 착한 척 한다."고요. 그땐 몰랐죠. '왜 나를 싫어할까?' 라고 생각했어요. 그 사람은 그냥 내가 싫은 거라서 무시하면 되는데 말이죠.

저도 누군가 싫었던 적이 있어요. 너무 잘해주면 부담스러워서 싫고, 배려심이 없으면 그래서 싫고요. 언젠가 '인생을 마음대로 사는 건 아니다'라는 댓글을 봤어요. 저도 느꼈죠. 인생을 마음대로 살면, 부정적인 에너지가 올 수밖에 없죠. 내가 부정적으로 세상을 보는데, 세상도 부정적으로 볼 수밖에 없죠. 저는 적어도

"너랑 같이 있으면, 마음이 편해."

라는 말을 들었으면 좋겠어요. 내가 진심으로 대하면 상대도 저를 진심으로 대한다고 생각해요. 온종일 힘들어 할 때, 누군가의 위로 한 마디로 따뜻한 마음을 가질 수 있듯이, 저도 누군가에게 선한 영향력을 끼치고 싶어요. 누가 그러더라고요. 사람이 죽었을 때, 그 사람을 위해 진심으로 울어주는 사람이 3명만 있어도 인생을 잘 산 거라고요.

몇 년 전, 저희 외할머니가 돌아가셨어요. 친척들이 진심으로 우셨다고 그러더라고요. 저는 대학을 다니고 있어서 못 갔어요. 정말 후회 돼요. 저희 어머니도 우셨대요, 할머니께서 자식들을 키울 때 진심으로 키우셨으니, 모든 사람이 슬퍼했어요. 제가 다쳤을 때, 진심으로 걱정해준 친구들이 있어

행복해요.

온종일 걱정과 아픔으로 힘들 때, 누군가 힘을 주는 말을 해주면 평생 기억에 남아요. 저도 누군가가 힘들어하면 도와주려고요. 금전적인 여유가 안되니, 마음으로요. 마음은 돈으로 살 수 없으니까 더 중요하다고 생각해요.

그런데 요즘은 마음을 돈으로 사더군요, 특히 여성분들이 그러죠. 조금 어렸을 때는 차가 있는지, 어떤 차를 타는 지를 중요시하더라고요, 무조건 벤츠 타는 남자를 바라보죠. 어떻게 보면, 제 자격지심인 것 같기도 해요. 누나의 말을 들어보니까, 보여주기식으로 차를 타기도 한데요. 집은 월세로 살면서 차는 좋은 거 탄다면서요. 진짜 벤츠 남은 마음이 벤츠여야 한다고 생각해요.

저도 보여주기에 급급하지 않고 스스로 가치를 높이고 싶어요. 돈이 행복의 필수 요건은 아니잖아요. 물론 돈이 있으면 할 수 있는 폭도 넓어지고, 더 좋은 기회도 있지만, 매일 더욱더 좋은 것만 바라다보면, 조그만 것에서 행복을 못 느끼죠.

요즘 전 산책하면서 하늘 사진 찍는 재미에 빠졌어요. 하늘은 매일 똑같지가 않잖아요. 매일 같은 장소에서 찍어도 사진이 다른 걸 봐요. 그렇게 아침 에너지를 받으며 하루를 시작하면 개운해요. 봄가을에는 아침에 조깅하고나면, 기분이 좋아져요. 작은 행복들을 모아 꼭 환상통을 이겨낼 거에요.

조그만 것에 감동을 느끼려고요.

다리 흔들거림

  수술 직후 가장 문제가 되었던 것은 다리였어요. 다행히 끊어지지 않았지만 부상이 심각했어요. 한 선생님은 "1년에 한두 번 있을까 말까 한 정도로 크게 다쳤다." 고 하시더군요.

  부모님께서는 병원에서 사인만 수도 없이 했대요. 일종의 동의서죠. 수술하다가 잘못돼도 병원 잘못이 아닌 것에 동의하느냐 하고요. 그땐 정신이 없어서 무조건 '예' 했다고 하더라고요. 얼마나 지극 정성이였는지 후에, 중환자실 보호자 실에 있는 이모에게 들었는데, 저희 부모님 같은 분이 없다고 하시더라고요. 종일 기다리다, 면회시간만 되면 들어가셨다고요. 제가 뭐 하나 못 먹었을까 봐 간호사분들께 "어떻게 지냈냐?" 고 물어보고요, 의사 선생님 뒤를 졸졸 따라다녔데요. 친절하게 대해주시는 의사 선생님 덕에 한결 마음이 편하셨대요.

  저는 남에게 피해를 안 끼치려고 노력합니다. 또 남을 너무 신경 쓰지는 않으려고 해요. 아플 때 무료로 운동 영상을 올려주시는 분들이 참 감사했어요. 다리 근력 키우는 운동 위주로 찾아봤어요. 런지, 스쿼트, 점핑 잭, 와이드 스쿼트 레그컬, 레그 프레스. 이런 운동들을 한 번씩은 다 해봤어요.

살만해졌다고 요즘은 운동이 뜸해졌어요. 운동을 소홀히 하면 다리가 흔들거려요. 걸을 때마다 무너질 것만 같은 느낌이 들었어요.

운동 문제로 아버지와 다투기도 했어요. 아버지는 항상 운동을 하라고 말씀하셨어요. 그런데 쉽지 않았거든요. 서로의 주장이 강해져서 언쟁이 높아지기도 해요. 아버지의 입장에서는 자식이 불행해지길 바라지 않을 거에요. 저와 아버지는 약간의 방향이 달랐던 것 같아요. 아버지는 해결책을 제시하세요. 그리고 옳다고 생각하시면, 밀어붙이시죠. 일할 때도 확신이 들면, 과감하게 실행에 옮기세요. 절대 남에게 피해를 주지 않아요. 멋진 분이시죠.

하지만 저는 그때 다리가 무너질 것 같았거든요. 아버지는 저를 정형외과 외래로 데려갔어요. 여러 검사를 했어요. 엑스레이도 찍고 인대 검사도 했어요. 인대는 사진으로 안 보이기 때문에 압박을 가하고 압박에 무릎이 많이 밀리면 문제가 있는 거고, 조금 밀리면 어느 정도 잡아주고 있다는 것이지요. 누워 있으니까 다리를 만져 보시더라고요, 앞뒤로 밀어보고 옆으로 밀어보고 다리 근력을 체크하고 말씀하셨어요.

"좋은데?"

아버지가 집으로 오면서 말씀하셨어요.

그 뒤로는 그냥 흔들거려도 덜 신경 쓰게 된 것 같아요. 몇 개월 뒤에핀을 제거할까, 말까?라고 고민하다가, 하는 김에 주위 조직들도 봐달라고 하고 수술하려고 마음먹었죠. 레지던트 선생님께 신신당부했어요. 핀 제거하다가 문제가 있으면 바로 처치하고 수술해달라고요. 수술실로 들어가는데 밖에는 비가 오더라고요. 어머니께서 걱정하셨대요. 그런 것 있잖아요. 바깥이 우중충해서 느낌이 안 좋은 거요. 저는 별 생각 없이 여전히 추운 수술실 방으로 들어갔습니다. 눈이 스르르 감겼죠, 눈 떠보니 수술 침대에 누워 병실로 돌아가는 와중에 창가로 보니 햇살이 비췄어요. 느낌이 좋았어요. 어머니도 그러시더라고요, 수술실 방 앞에 있어서 이렇게 해가 떠 있을지 몰랐다고요. 기분 좋다고요. 수술이 잘 된 것만 같았고 잘됐습니다.

알고 보니 제가 수술한 몇 시간 동안 차뱌라는 폭우가 내렸대요. 울산에 손꼽히도록 많은 비가 내려서 차도 떠내려가고, 공중 화장실은 저 멀리 가 있고, 친구가 다니는 대학은 물이 침수되어서 난리가 났어요.

수술이 끝나고 선생님께서 학술 발표로 쓰신다고 말씀하시더라고요. 다리가 흔들거린다고 누워만 있었다면, 지금처럼 약간의 조깅은 할 수 없었을 거에요. 운동하라고 말해주신 아버지께 감사합니다.

공황장애

병원에 있을 때는 공황장애가 없었어요. 약을 많이 먹어서 그런가 싶었죠. 하루에 약만 몇 십 알을 먹었으니까요, 지금도 약으로 공황장애, 환상통을 다스리고 있어요. 병원에선 환상통이 어떤 느낌이지, 공황장애가 어떤 느낌인지 가늠을 할 수 없었죠.

퇴원하고 집으로 갔는데, 집으로 돌아오는 길에 환상통이 오면서 가슴이 미친 듯이 뛰었어요. 빨리 집으로 돌아왔어요. 그때부터였나요. 자주 공황장애, 환상통이 오게 되더라고요. 제 경우는 둘은 연결되어 있어 머리부터 발끝까지 고통스러웠어요.

친구들과 놀러 갈 때도 환상통, 공황장애가 생기면 돌아와야 했어요. 사는 게 사는 것이 아니었어요. 하루는 가족들과 영화를 보러 갔어요. 갑자기 공황장애가 오더라고요. 그 재미난 영화가 빨리 끝나고, 집으로 갈 수 있다면 좋겠다고 생각했죠. 맛있는 식사 중에도 공황장애가 찾아오면 얼른 집에 갔으면 좋겠다고 생각했죠. 그것이 얼마나 힘드냐면요, 아무것도 할 수가 없어요. 밥을 먹다가도, 놀러 가더라도 도서관에 공부하러 가더라도, 마음 한쪽 구석에 불안함이 내재돼 있었어요.

시험 기간이라서 친구와 독서실에 공부하러 갔어요. 갑자기 징조가 왔죠. 팔이 아프기 시작했어요. 공부를 하는데 미치겠는 거예요. 집과 독서실이 가까워서, 집에 가서 누워 있다가 괜찮아지길래 겨우 친구와 저녁을 먹으러 갔어요.

아버지와 운동을 갔다가, 공황장애가 와서 집으로 왔던 적이 한두 번이 아니었어요. 여행 중에도 먼저 돌아오곤 했어요. 제일 힘들었던 건 시도 때도 없이 불쑥불쑥 찾아온다는 거였어요. 한 3년간 힘들었어요. 후에 신경과 선생님께서 말씀하시더라고요. 이건 의지의 문제라고요. 의지가 강하면 더 빨리 회복될 수 있대요. 제가 좋아하는 국사 선생님이 계셔요. 시험을 잘 보기 위해선 그만큼의 노력이 필요하다고 항상 말씀하셔요. 자기 전에 '내가 정말 열심히 했구나!'라는 말을 속으로 할 수 있도록 끊임없이 노력해야 되고, 시험에 합격하기 위해선 뼈를 깎는 고통으로 인내하면서 이겨나가야 한다고 말씀하셨죠.

호날두라는 유명한 축구선수가 있어요. 발롱도르 상을 몇 번이나 받고, 챔피언스리그 최다 골, 연봉, 몇백억 사람들은 그러죠. 타고 났다, 우리는 저렇게 될 수 없어, 자세히 들여다보면 호날두는 어렸을 때, 부모님이 장난감을 사줘도 거들떠보지도 않고, 종일 공을 가지고 놀았대요. 잘 때도 옆에 끼고 자고요. 놀라운 사실을 발견했어요. 호날두는 승모근이 발달되어있는데, 왜 축구에 도움이 되지 않는 승모근을 발달시키느냐고 생각하고 있었는데,

기사에 이유를 말하더라고요. 넘어졌을 때, 덜 다치기 위해서래요.

놀랍지 않나요? 우리가 막연히 대단하다고 여기는 선수들도 이렇게 열심히 자기 자신을 통제하고, 자기 관리를 잘해야만 최고의 위치에서 떨어지지 않는다고 해요. 정작 의지나 노력 없이 많은 걸 바라고 있던 제가 부끄러웠어요. 의지박약인 저는 조금만 아프면 '아프다', '힘들다'라는 말을 입에 달고 살았어요. 하지만 책을 가까이 하고, 산책을 즐겨 하고, 동기부여 되는 말들을 꾸준히 읽고 노력 하다 보니, 어느새 조금씩 저에게 변화가 생겼어요. 그저 눕기만 좋아했던 저인데, 요즘은 잠시 누웠다가도 벌떡 일어납니다. 공황장애가 많이 좋아진 것도 있지만, 마음을 편안하게 먹으면서 한편으로는 다잡으려고 노력해요. 있는 걱정, 없는 걱정 다 하면 뭐하나요? 해결되지 않는데 말이죠. 미래를 바꿀 수 있나요? 내가 '이렇게 해야지'라고 마음먹어도 변수가 꼭 생기잖아요. '좋아질 거야'라고 생각해도 모자랄 판에, 힘든 생각만 하니까 자존감은 더 떨어지게 되었죠. '자존감 수업'이라는 책을 보면. 누구나 자신만의 고충이 있대요. 그럴 때 자기 자신에게 '괜찮아, 잘될 거야.'라는 말을 해주래요. 친구나 지인들에게는 쉽게 말하곤 해요.

"야, 괜찮아, 힘내."

"미안해."

"고마워."

라고 하는데 정작 제일 중요한 나 자신에게는 자신의 소리에 귀 기울이지 않죠. 저는 요즘 한 번씩 힘들 때마다

"괜찮아, 나만 힘든 거 아니야!"

라고 속으로 되뇌어요. 물론 만병통치약은 아니지만 효과가 있어요. 힘들 때 한번 외쳐보세요. 분명 효과 있을 거예요. 친한 친구와 같이 있으면 마음이 편안하듯 나 자신에게도 마음이 편안하면 살아가는데 행복이 펼쳐질 거예요. 혼자 여행을 가도 재미있을 거예요. 혼자 산책하러 가도 풍경 보면서 '아, 좋다!'라는 생각이 들 수 있을 거예요. 저는 힘들 때, 이런 생각을 하려고요. 죽다 살아났는데, 이 정도의 힘듦은 너끈히 이겨내자고요.

휴대전화기를 보는 게 무서울 때가 있습니다. 어떤 안 좋은 연락이 올까 걱정되어서요. 정작 아무 연락도 없는데 말이죠. 혹 안 좋은 연락이 오더라도, '뭐 어떠냐?'라고 쿨하게 넘겨 버리면 제 삶이 나아지지 않을까 합니다.

지금에 집중하기.

현재에 충실하기.

앞으로 일어날 걱정하지 말기.

오늘은 그런 생각을 했어요. 오전에 산책하면서 마침 해가 산봉우리 사이로 고개를 내밀더라고요. 기분이 좋아졌습니다. 산책을 자주 하는데, 그 상황을 즐기려고 해요. 밤하늘을 본 적 있나요? 한 번씩 여유를 가지는 것도 좋더라고요. 급할수록 돌아가라고 하잖아요. 급하니까 실수를 하게 되는 거 있죠. 빨리 가야 될 때도 미리 시간 봐놓고 정해진 시간에 가면 되는데, 이래 저래 빈둥거리다가 급하게 나가다 보면 빠뜨리기에 십상이죠.

마음이 여유로운 사람이 오래 산대요. 급할수록 질병에 잘 걸리고요, 거북이는 몇 백 년을 살잖아요. 그에 비해 토끼는 금방 죽어버리고요. 여유로우면 안 될 일도 잘 되는 것 같아요. 한 걸음 뒤로 물러서면, 안 보이던 것도 보이죠. 복싱을 재미 삼아 하던 친구가 있는데, 우연한 몸싸움 중에 뒤로 물러서니까, 상대방의 움직임이 잘 보였다고 해요.

이제 갇힌 삶에서 조금씩 벗어나고 있어요. 긍정적인 생각도 많이 합니다, 기분이 좋아져요. 현실에 충실하니까 저에게 돌아오는 행복도 커요. 얼마 전 컴퓨터 강의가 있었는데, 같이 수업 받던 아주머니, 아저씨들께서 물어보면 잘 알려주기 위해 노력해요. 저도 모를 땐 누군가에게 자주 묻곤 했으니까요. 개구리 올챙이 적 생각 못 한다고 모두 다 힘든 시기가 있었으니, 조금씩 도와가면서 생활했으면 좋겠어요. 겪어보지 못하면 함부로 말하지 않고, '내 생각은 이런데, 이렇게 해보니까 나는 효과가 있다'라고 말하면, 큰 위로가 될 거에요. 누군가로부터 공감을 받았다는 생각만 해도 가슴이 따뜻해져요. 공감만큼 좋은 에너지는 없는 것 같아요. '그랬구나' '힘들었겠다'는 소리만 들어도 힘이 나더라고요, 왜인지는 모르겠어요.

EBS 다큐멘터리를 본 적이 있는데요, EBS에서 부모와 자녀 간에 대화를 하는 걸 본 적이 있는데, 부모랑 자녀가 매일 싸우는 집은 대화가 잘 못 되었다고 하더라고요.

"너 때문에 , 너 때문에 되는 일도 안 된다!"

반면 사이가 좋은 집은 서로 존중하고 공감하고 해결책을 같이 세워가더라고요, 상대방과 얘기만 잘돼도 좋은 에너지를 받을 수 있는 것 같아요.

저에게도 공황장애가 있지만 의연하게 대처할 거에요. 점점 힘든 것들을 줄여나갈 거에요.

신경통

CRPS 라는 병을 아시나요? 복합부위통증 증후군이라고도 불리지요. 아픔의 강도가 제일 심한 질병입니다. TV로 봤을 때는 그렇게 무서운 병이라 생각 안 했어요. 제가 겪어보지를 않았으니까요, 저는 crps를 겪을 뻔 했어요.

어머니께서 아버지와 제가 언쟁을 벌일 때면 자주 하는 말이었어요. 방법을 제시하는 아버지와 언쟁을 벌일 수밖에 없었죠. 저는 공감을 원했거든요. 아버지의 말씀은 다 맞는데 울컥하더라고요. 왜 내 마음을 몰라주냐고요.

요즘은 아버지가 저에게 책을 읽으라고 주세요. 중고등학교 때 아버지가 주신 신문을 제대로 정리만 했어도 큰 도움이 되었을 거라고 생각해요. 요즘은 제가 아버지께 책을 추천해주기도 해요. 오늘도 '자존감 수업'이라는 책을 읽어보시라고 추천했어요.

자존감이 높은 사람은 시련도 남들보다 쉽게 이기고, 자신감이 흐르고, 자만해지지 않으며, 매너와 배려가 생긴다고 해요. 아버지가 뭐라고 하시는 이유는 다 이유가 있기 때문일 거다. 아버지의 생각을 존중하지만 판단은 내가 한다고 생각했어요.

한 텔레비전 프로그램에서 두 팔이 없고, 발가락이 4개 밖에 없는 아이를 봤어요. 그 아이는 자주 이렇게 말했어요.

"괜찮아요, 제가 할 수 있어요."

힘들어도 스스로 하려 노력하죠. 접시를 옮길 때도

"하나, 둘, 하나, 둘" 이렇게 외치죠. 몸이 아플 때도 긍정적인 말을 하더라고요. 대단했어요. 나이는 저보다 훨씬 어리지만, 배워야 할 게 훨씬 많더라고요. 저는 아프면 남에게 의지하려고 했어요. 한탄했던 세월이 아까워요. 그 아이는 지금 초등학생인데 반장이 되려고 한 대요. 아픔을 이기는 것을 넘어서 즐기는 것 같아요. 멋집니다. 저도 '이 정도는 괜찮다.'고 가슴에 새기려고 노력하고 있습니다. 자존감 훈련도 운동과 비슷하대요. 조금의 노력으로 자존감이 올라간다면, 세상 누구도 힘든 사람은 없을 거예요.

어느 날 신경이 돌아왔어요. 의사 선생님도 놀라시더라고요. 처음 병원에 있었을 때 발을 만지면 칼로 찌르는 느낌을 받았어요. 양말도 몇 컬레를 신었는지 모를 정도로 시리고 아팠어요. 그런데 신경검사를 했던 날, 신경이 놀라보게 돌아왔다고 하더라고요. 기적이죠. 만일 신경이 안 돌아 왔다면, 평생 독한 약을 먹으며 살아야 했을지도 몰라요. 배우 신동욱 씨는 군대에서 수술하고 CRPS라는 질병을 받았다고 해요. 군 제대 후 7년간 활동을 못

했죠. 그로 인해 이 질병에 대해 많이 알려지게 됐는데요. 그도 이겨낸 것 같아요. 요즘엔 배우로도 활동하고 있거든요. 얼마나 힘들었을까요? 집에 TV도 없었다고 해요. 연기가 너무 하고 싶을까 봐요. 하고 싶은 일이 있는데, 못하게 된다면 얼마나 힘들까요.

저는 이번 일로 인해 작은 것에도 감사하면서 지낼 수 있게 되었어요. 친구들이 군대 얘기를 할 때가 있는데요. 그때는 아주 작은 것에도 감사함을 느낀대요, 초코파이 하나에 감사하다고요. 예전에는 몰랐는데 이제는 알겠더라고요. 행복은 멀리 있는 게 아니라고요. 어머니랑 가끔 그런 말을 해요, 맛있게 점심을 먹고 커피 한 잔 먹는 지금이 행복이라고요. 그런데 사람은 망각의 동물인가 봐요. 저도 힘든 시간만 지나가면 정말 의연해질 거라고 수도 없이 되뇌었는데, 막상 힘든 시간이 하나둘씩 없어지면서 걱정도 없어지는 게 아니라 또 다른 걱정이 생기더라고요.

신경계통이 너무 아팠을 때 세상이 나를 버린 것 같았어요. 내가 그렇게 나쁘게 산 것도 아닌데 왜 나만 이런 고통을 겪고 있는지 모르겠더라고요. 지금 생각해보면, 신이 있다면 저에게 한 번의 기회를 더 준 것 같았습니다. 기적이 일어난 것은 생각하지 않고 한탄만 하고 앉았던 저 자신이 부끄럽습니다. 한쪽 팔로 못 하는 것은 분명 있겠죠. 하지만 나머지는 느리더라도 할 수 있습니다. 3D프린터 수업을 듣고 있는데, 컴퓨터 강의 수업 시작하자마자, 선생님께 질문을 드렸어요. 한 손인데 가능하냐고요, 선생님께서 마우스만 움직일 줄 알면 가능하다고 하시더라고요.

그럼에도 저 혼자 생각했죠. 단축키를 사용하지 못하면 너무 느리지 않을까 하고요. 조금 느려도 문제없는데 말이죠. 뇌성마비이신 분이, 세무직 공무원에 합격하셨대요, 여태까지 기업에 수도 없이, 면접에서 탈락했는데, 도전을 끊임없이 했대요. 합격하고 인터뷰에서 한 말이 마음에 와 닿았어요. 어떻게 필기에 합격하셨나요. 뇌성마비라서 남들 1번 보는걸 20번, 30번 봤다고 하시더라고요. 느려도 되니까 할 수 있는 최선을 다하자는 생각이 들었어요.

3D프린터도 나중에 가면 갈수록 어려운 용어도 나올 거고, 단축키도 많아지고 쉬워질 건데, 조금 천천히 해도 남들보다 정확히 하자라는 생각이 들더라고요. 남들과 틀린 게 아니라 다르다고 누군가 말해주더라고요.

아무래도 그럴 수밖에 없겠죠. 두 손으로 싸우는 것하고 한 손으로 싸우는 것 처럼요. 아! 언젠가 UFC에서 한 팔이 없는 선수가 나왔어요. 경기 상대는 당연히 두 손이 있는 상대였죠. 누가 이겼을까요? 제가 이렇게 말하는 건 한 팔이 없는 선수가 이겼어요. 정말 저에게는 충격이었어요. 나도 할 수 있겠다는 생각이 들었죠.

수많은 사람이 힘들어하고 또 힘든 상황에 놓여 있죠. 저만 힘든 게 아니더라고요. 상대적이긴 해도 수없이 힘든 사람도 많은 걸 깨달았어요. 언젠가는 또 망각하게 되겠죠. 힘들 때도 많을 거라 생각합니다. 그런 말이 있잖아요, 신은 견딜 수 있을 만큼의 시련만 준다고요. 저희 어머니께 지인 분들이 하신 얘기고, 저에게도 많은 분이 해주신 말이었어요. 다들 힘든 상황을 겪어보고 그런 말을 하시더라고요. 저도 이말 이제는 남들에게 한 번씩 툭툭 내뱉을 수 있을 거 같아요. "야, 신은 인간에게 견딜 수 있을 만큼의 시련만 주는 것 같아, 힘내."라고요.

마음이 닫혀 있을 땐 남의 소리가 안 들리는 것 같아요. 아무리 좋은 조언을 해도 마음에 와 닿지 않는 것 같아요. "내 상황이 되어 봤어?" 라는 말 정말 많이 할 거예요. 제가 그랬거든요. 또 남에게 제가 아픈 걸 얘기해서 동정을 받으려고 했고요, 왜 그런지는 저도 모르겠습니다. 신경통이라는 크나큰 재앙이 올 뻔 했던 저에게 아픔이 많아진 저, 나태해지지 않기를, 또 시련이 오더라도 의연히 대처해나가길 바라는 마음입니다!

건강염려증

살아가는 데 있어서 걱정이 크나큰 걸림돌이라는 소리를 많이 듣죠. 초등학교 1학년 때는 선생님이 무서워서, 학교에 가기가 무서웠죠. 혼날까 봐 매일 걱정을 했죠. 선생님이 무섭긴 했거든요. 친구가 우리 집으로 학교 가자고 데리러 오면, 저는 어머니와 실랑이를 버렸어요. 가기 싫다고요. 하지만 결국에는 가게 되더라고요. 그렇게 시간이 흐르고 흘렀어요.

제 여린 마음은 쉽게 바뀌질 않더라고요. 항상 발목을 잡았어요. 선생님이 때릴까봐 무서웠죠. 조금 아픈 거 참으면 되는데, 무서웠어요. 그런데 저만 그렇게 무서워하는 건 아니겠죠. 그런데 왜 그토록 무서워서 했을까 싶어요. 초등학교 4학년 때는 선생님이 필기구마다 이름표 붙이기, 발톱, 손톱 매주 깎아오기를 시켰어요. 일요일 저녁 되면 발톱, 손톱 깎고 필기구 정리를 했어요.

요즘에는 SNS나 유튜브 등에서 공을 잘 차는 방법이나, 어떻게 하면 효과 있게 운동할 수 있는 알려주는 영상도 많이 올라오고 저 같은 경우는 팔이 없어서 운동하는 사진을 SNS에 올렸는데, 재미어트 대표님이신 유석종(힘콩) 대표님이, 집에서 운동할 수 있는 운동 기구들을 60만 원어치를 보내주셨어요.

이렇게 정보화 세상에 사는 것도 좋지만, 스마트폰이 없던 그 시절이 그리울 때가 있어요. 휴대전화나 컴퓨터를 가까이 하는 것보다 밖에서 뛰어노는 그런 놀이가 더 재밌더라고요.

여린 마음으로 살아오면서 좋은 점은 찾아봐도 별로 없더라고요, 갈수록 더 소심해지고, 남 눈치 보고 걱정하게 돼요. 미리 겁부터 내죠. 그래서 하지 못한 게 후회가 되기도 해요.

걱정이 커지면 무언가를 시작할 때 두려워요. 시작하고 나서도 그냥 그대로 있을 걸 생각해요. 반면 마음이 강한 사람은, 회복 탄력성이 높죠. 실수를 하거나, 창피를 당해도 금방 이겨내죠.

건강에 대한 걱정이 심한 사람을 건강염려증이라고 하는데, 제가 건강염려증에 빠졌던 적이 있어요. 얼마 전까지만 해도 그랬죠. 처음에는 다리가 불안하니까 계속 걸어 다녔어요. 집에서도요, 주의를 왔다 갔다 했죠. 어머니께서 얼마나 걱정하셨을까요. 쟤가 오늘은 어디가 아플까 하고요, 어머니가 후에 말씀하셨는데, 걱정 많이 했대요. 하루는 너무 돌아다니니까 아버지께서 그만 돌아다니라고 그러더라고요. 남들이 이상하게 생각한다고요. 길을 걸을 때도 앞을 보라고, 땅만 바라보니 사람들이 '쟤 무슨 걱정 있나?' 라고 생각한다고요. 보통 남자들은 건강검진을 잘 안 하는데, 어머니가 우리 집 남자들은 건강검진을 너무 해서 문제라고 하셨어요. 아버지가 10년 전만 해도 병원에 수도 없이 다녔대요. 건강보험 페이지 보면 아버지 이름이 수도 없이 있었다고 하시더라고요.

저는 코피가 자주 났어요. 처음에는 그러려니 했는데, 너무 자주 나기 시작했어요. 친구들과 놀러 갔는데 코피가 나서 먼저 집에 온 때도 있었어요. 자다가도 코피를 흘린 적이 있고요. 길을 가다가 코피를 흘린 적이 있어, 옷을 버린 적도 있어요.

결국 코피 때문에 피검사도 하고 이비인후과도 다녀왔는데 이상이 없다고 해서 걱정 않고 있었는데, 또 코피가 났죠, 다행히 피는 빨리 멈춰 괜찮았는데, 코피가 나니까 코 안에 핏줄이 약해져서 그래서 한동안 이비인후과를 다녔던 적도 있었어요. 멍도 자주 들었어요. 노란 멍 있죠? 왜 그러지 라고 고민도 많이 했던 것 같아요. 구역질도 많이 났고요. 구역질은 제 생각인데, 약을 먹고 바로 누워서 그런 게 아닌가 싶었어요.

목에 약이 넘어가지 않고 누우니, 목에 뭔가 항상 걸려있는 느낌이었어요. 구역질이 자주 났죠. 하루는 너무 심하게 나서 병원에 가서 수면 내시경을 했어요. 태어나서 처음으로 수면 내시경을 했는데 아무 느낌이 없었죠. 그래서 더 비싼가 봐요. 결과를 보러 가는 데 가슴이 두근거렸어요. 혹시 안 좋은 질병 가지고 있으면 어쩌지 하고요, 혼자서 상상의 나래를 펼쳤습니다. 결과는 식도에 약간의 흠집이 났다고 하더라고요. 약을 한동안 먹었어요, 괜찮아지더라고요,

걱정은 없는 병도 키우는 것 같아요. 혹시 병이 있더라도 긍정적으로 생각하면 빨리 낫듯이, 방법을 찾아서 행동하는데, 걱정이 앞서면 될 일도 안되죠. 저는 아침 산책하러 꼭 가려고 합니다. 친구 의 할머니가 암에 걸리셨는데 이겨내셨어요. 걱정이 많으면 사람이 부정적으로 바뀌어요. 제가 그랬고 주위 친구들도 그랬고요.

매일 한탄하는 친구가 있었어요.

"나는 왜 이렇게 못생겼을까?"

"여자들은 날 안 좋아할 거야."

"○○이가 부럽다."

듣고 있다 보면 저 또한 힘이 빠지더라고요. 긍정 에너지가 있어야 한다고요. 같이 있으면 힘이 나고 즐거운 사람 있죠. 저는 그까지는 바라지 않아도, 최소한

"너랑 있으면, 편하다."

라는 소리를 들었으면 좋겠어요. 아무리 좋은 곳에 가도 사이 안 좋은 친구랑 온종일 붙어 있으면 기분이 안 좋은 반면, 힘든 상황에서도 정말 마음맞고 서로 힘이 돼주는 그런 사람과 함께라면, 헤쳐나갈 힘 생기지 않을까요. 유희열 아시죠?

'미운 오리 새끼'에서 유희열이 이런 말을 합니다. 그의 아내가 "난 오빠랑 행복하려고 만나는 게 아니야. 불행해도 오빠와 함께라면 괜찮을 것 같아." 라고 했대요. 정말 멋지지 않나요? 과연 나는 누군가에게 힘이 되는 그런 존재가 될 수 있을까? 라는 생각을 하곤 합니다.

제가 술자리에 자주 안 가는 이유는 실수를 많이 하게 되어서입니다. 술을 마시면 말이 많아지고, 험담하게 되는 것 같아요. 그냥 해 본 말인데 제 의견이 왜곡돼 들어가죠. 기억나는 일이 한 가지 있었는데, 저는 걱정이 돼서 말한 건데, 당사자는 잘못 해석해 서로 멀어지게 된 적이 있어요. 술을 마시며, 시간이나 돈을 많이 썼는데, 사이가 나빠지면 아깝잖아요. 진심으로 상대를 대하니 굳이 술을 자주 안 마시더라도 좋은 대인관계가 형성되더라고요. 지극히 주관적인 생각이지만요.

걱정을 많이 하는 친구와 술을 마시면, 오늘 힘들었던 점, 내일 힘들었던 점 계속 힘든 얘기만 해요. 저도 그랬어요. 예를 들면, "오늘 팔이 아파서 죽을 것만 같아." "공황장애가 왔는데 어땠는지 알아?" 이렇게 저 스스로 아프다는 걸 각인시키는 것 같아요. 병의 삶 속으로 빠져드는 거죠. 삶을 피폐하게 만들더라고요. 쓸데없는 걱정 때문에 좋은 기회가 오더라도 쉽게 기회를 날리게 되죠. 걱정이 많이 없어진 지금, 행복해지려고요. 놀러 가면, 노는 데만 집중하고요, 공부할 땐 공부에만 집중하고 맛있는 음식을 먹을 땐 그것만 생각할 거예요.

오늘 가족과 철판 낙지를 먹으러 가기로 했습니다. 먹을 때 속으로 이렇게 말해야겠어요.

'아, 진짜 맛있다!'

맛없더라도 '좋은 경험 했지.' 이렇게요.

찌릿찌릿 꿈틀꿈틀

어느 순간 제게 신경 이상이 찾아왔어요. 발뒤꿈치가 바늘로 콕콕 찌르는 느낌이 들었어요. 참을 수는 있지만, 한 번씩 짜증이 나죠. 왜 찌릿한 것인지 고민하기 시작했습니다. 바지를 여러 번 갈아입었어요. 날씨도 추운데 반바지를 입으면 괜찮더라고요.

허벅지가 꿈틀대기도 했어요. 벌레가 기어 다니는 느낌이죠. 상황이 반대인 게, 꿈틀대는 건 가만히 있으면 그래요, 누워있어도 꿈틀꿈틀 앉아서 뭘 하려고 해도 꿈틀꿈틀했죠. 병원에서는 마그네슘이 부족해서 그렇다고 하네요. 상추를 많이 먹으라고 하시더라고요. 마그네슘 약도 먹으라 하셨고요.

상추를 먹으니 잠이 쏟아졌어요. 너무 많이 먹기도 했어요. 상추에는 수

면제 역할을 하는 유도제가 있거든요.

　잠만 많이 올 뿐 효과가 없더라고요. 자꾸 꿈틀꿈틀하니 공부에 집중이 잘 안 돼요. 지인들에게 말하면 참으라고만 하네요. 결국 병원에 갔어요. 처음 찾아간 곳은 신경과였죠. 뭐라고 하셨느냐면, 잘 모르겠대요. 담당의가 아니었고, 찌릿찌릿 꿈틀꿈틀한 것 말고도 다른 신경계통도 문제가 있었기 때문에 담당했던 재활의학과 교수를 찾아가라고 하셨죠. 제가 싫어하는 의사였는데, 기적이라고 하더라고요. 약을 처방받았는데 보험이 안 되던 약이었어요. 가격도 부담이 되었죠. 2주에 15만 원 정도 했거든요. 차도가 있는 것 같았지만, 얼마 차도가 없어서 다시 찾아가니, 약을 올리겠다고 하더라고요.

　분명 부작용을 경험했는데, 눈이 흐려진다고 말하니, 모두 다 흐려진다고 하더라고요. 도저히 진료를 받기 싫어서 다른 선생님을 찾아갔다가, 아버지가 잘 한다고 하는 신경과를 갔는데요, 충격이었어요.

　좋은 쪽으로요. 제 상황 진단서를 가지고 가니까, 채찍 증후군이라고, 목에서 내려오는 신경이 뒤틀려서 신경 이상으로 왔다고요, 지금 다리가 찌릿찌릿 거리는 신경통은 골반이 다치면서 내려가는 신경이 뒤틀렸대요, 보험도 되는 약이어서 3,000원 정도밖에 안 했어요. 그런데 모든 강도가 센 약은 부작용이 있더라고요, 기운이 처진다거나, 여러 가지 부작용이 있지만, 저는 한동안 왜기 운이 처지나 했어요. 처방을 조금 바꾸고 계속 조절해나가고 있지만, 선생님께서 곰돌이 푸 같으셔요.

　마음이 놓이죠. 제 상황을 길게 말해도 들어주시고요. 약을 평생 먹어야 할 수도 있다고 힘들었는데. 약을 먹어서 안 아프면 먹는 게 낫지 않겠어?

라고요, 마음이 편해지더라고요, 이 약을 먹는데 내가 크게 지장 있는 것도 아니고, 힘듦에서 이겨내게 해주는데, 조급하게 생각하지 말자고요. 평소에 운동 열심히 해서 약을 조금씩 줄여나가자고요.

끝없는 고통 여전히

후유증이 점차 줄어갑니다. 살아났다는 기적이 이제는 또 다른 기적이 되고 있더라고요, 처음에 의사 선생님들이 얼마나 겁을 주는지요, 골반에 금이 가서, 째고, 수술해야 될 것 같다고 했어요.

몇 날 며칠을 고민하셨대요, 수술을 해야 하나 말아야 하나라고요, 결국 수술 안 하기로 했죠. 뼈에 금이 갔기 때문에 움직이면 안 되었어요. 몸을 묶었죠. 움직이지 못하게요. 얼마나 힘들었는지 지금 생각해도 넌더리가 나네요. 물을 먹을 때도 어머니가 먹여 주셨고, 밥을 먹을 땐 고개를 비틀어서 한 입 한 입 먹었던 걸로 기억하고 있어요. 하루는 제가 움직이려고 하니 간호사님이 오셔서 제 몸을 잡기도 했습니다. 사람이 참 간사한 것 같네요. 지금 이렇게 건강해졌는데, 아플 땐 남들과 같은 수준만큼은 아니라도, 행복할 수 있었다면 이라고 생각했습니다.

지금 많이 좋아졌고. 그만큼 바라는 게 많아진 것 같아요. 제일 하고 싶은 것은 공 차는 거예요. 분명 건강한 분들처럼은 절대 찰 수도 없고 친구들이랑 재미있게 찰 수 있었으면 좋겠어요. 잘 차진 않지만, 좋아해서 조기 축구에 들어간 적도 있거든요. 대학 생활 중에 정말 잘 했던 일 중의 하나가 아닌가 싶어요. 재미있었죠. 밖에선 아버지 나이랑 비슷하신 아저씨들에게 형님이라고 부르죠. 일요일이 기다려졌어요. 아침 일찍 일어나서 축구하러 갔죠. 제가 나이가 제일 어렸기 때문에 사랑도 많이 받았죠. 형님들과 공 차면 재밌었어요. 나이 드신 형님들도 더 차고 싶어서, 일찍 나오셨어요.

형님들은 공을 차는 건지 술을 먹는 건지 몰랐어요. 저희도 형님들이 가지고 온 수육 백반을 먹으면 꿀맛이었어요. 멀리 원정을 가거나, 다른 지역에 있는 친선 경기가 있으면 꼭 가고 그랬죠. 친구를 데리고 간 적도 있고요. 겨울에 눈이 와도 공을 찼어요. 열정이 가득한 때라, 겨울에도 반바지 입고 축구하러 가고 했어요. 형님들이 젊음이 좋다고 하셨어요. 좋은 얘기도 많이 들었고 에너지도 많이 얻었어요.

처음에는 몸살이 나더라고요. 몇 시간 동안 공을 차니까 말이죠. 중간에 쉬기도 했지만요. 하루는 일찍 갔더니 상대편 분 한 명이 운동장을 돌고 있는 걸 봤는데 왜 뛰느냐고 했어요. 알고 보니 체력 키우려고 했던 거라고요. 저도 처음 보다 갈수록 체력이 좋아지더라고요. 처음엔 얼마나 힘든지 몰랐어요. 구역질도 하고요. 실력이 좋은 게 아니었기 때문에, 형님들과 한 게임이 끝나면, 쉬는데 저는 그 쉴 때 혼자서 연습을 했어요. 패스 연습도 하고요, 개인기 연습도 했어요. 점점 실력이 좋아지니 자신감도 생기고, 형님들도 와 실력 좋아졌네 라고 하셨어요.

그 느낌을 다시 한 번 느낄 순 없지만, 언젠가 다리 근력운동을 꾸준히 하면 좋아지지 않을까 싶어요. 친구들 만나러 대구를 갔었을 때 일요일 아침에 일어나, 전에 찼던 운동장으로 갔어요. 형님들도 제 소식을 들었더라고요. 저도 제가 이렇게 될지 생각도 못 했죠. 인생은 새옹지마라고 좋은 일이 있으면 안 좋은 일이 있을 법도 하다고요, 저는 생각 합니다, 저에겐 조금 힘든 고통이 왔지만, 앞으로 좋은 일도 생길 거라고요.

작은 도움만 받아도 좋을 거라 확신합니다. 손에 손 잡고 나아갈 수 있도록 말이죠.

삶을 살아가는데 원동력이 될 수 있는 것 같아요. 저는 저를 가르치셨던 선생님이 좋으시면 좋은 영향력을 많이 받았거든요. 저희 동네에 생긴 영어학원에서 공부를 오랫동안 했는데, 선생님과 마음이 잘 맞아서, 아! 선생님은 남자 분이셔요. 영어공부에 흥미를 붙였던 것 같아요. 같이 학원에 다니던 친구들과도 마음이 잘 맞아서 효과가 더 크더라고요.

영어공부가 재밌었어요. 잘하지도, 성적이 좋지 않았지만요, 저는 주위환경의 영향을 많이 받았어요. 친구들이 영향도 많이 받았고요. 제 친구들은 다 착해서, 나쁜 짓을 조금, 했던 친구도 있었지만 다들 좋아서 긍정적인에너지도 많이 받은 것 같아요. 대학 친구들이 떨어져 있어서 자주는 못 만나지만, 한 번씩 만나면, 좋은 얘기 많이 하죠. 제가 몸이 아픈 것에 안 좋은 시선으로 보지 않고요. 평소처럼 지내죠. 이런 친구들이 있다는 사실이 전 행운인 것 같아요. 친구들이랑 논다고 학업에는 조금 신경을 못 쓴 건 사실 이지만, 행복이 성적순은 아니잖아 라는 말이 있듯이 성적보다 더 중요한 친구들이 생겼다는 사실에 만족하고 있어요.

아플 때 주위에 아무도 없는 것만큼 힘든 일이 없거든요. 아마, 지금 투 병 생활을 하고 있으신 분들 있으면 공감 하실 거예요. 할머니가 자식들 오 면 온종일 기다리듯이 입원 중에 친구들이 온다고 하면 목이 빠지게 기다 리는 것 같아요. 혹 못 안다고 그러면 괜찮다고 하지만 속으로는 왔으면 좋 겠는데 라고 생각했죠. 올 때 치킨이라도 사서 오면 더할 나위 없이 좋았어 요. 치킨은 사랑입니다. 라는 말을 많이 하거든요. 특히 바삭바삭한 치킨을 좋아해요. 더 있다 가면 좋겠지만, 다들 일이 있으니까 집으로 돌아가고 했 죠. 친구들이 처음에 놀라더라고요, 팔이 없는 채 덩그러니 앉아 있으니 말 이죠. 저 또한 친구들이 힘들면 적어도 전화 한 통은 하려고 해요. 자신이 겪어봐야 안다고, 힘들 때 오는 연락들이 고마웠거든요. 휴대전화를 무서워 했던 제가 그래도 친구들의 전화가 오면 고마웠습니다. 느껴졌어요. 진심이 요, 괜찮냐? 라는 말이요. 요즘엔 오히려 힘들어하는 친구들에게 제가 그래 요. 괜찮냐라고요,

힘내, 우리 나중에 밥 한 끼 먹자고요, 힘들 때요? 왜 없겠어요, 팔을 볼 때 마다 가슴 한구석이 아려오죠.

그래도 감사합니다. 가족들이 있고 친구들이 있다는 사실이요. 힘들어하 는 친구에게 "치킨 한 마리 먹자." 할 수 있는 마음이 생겼으면 좋겠습니다.

제4장
나는 다시 일어났다

두 번의 다리 수술

부상을 입고 제일 급한 곳이 다리였어요. 인대가 전후방 십자인대 파열, 한곳만 인대에 무리가 가도 힘들다고 하더라고요. 전후방 십자인대만, 다쳤으면 괜찮았을 건데, 무릎 바깥쪽 옆쪽 인대도 나갔습니다. 거의 끊어지기 일보 직전이었죠.

후방 십자인대가 약해서 후면 근육 키우시라고 하시더라고요, 옆쪽 인대는 균형을 맞추기 위한 운동도 했고요, 침대 위에 올라가서 한발로 균형 잡는 연습도 했고요, 넘어질 뻔도 했어요. 다리를 뻗을 때, 무릎이 나가면 뭔가 헐렁한 느낌이 였어요. 안 잡아 주는 느낌 말이죠. 지금은 많이 좋아졌답니다.

초반에 다리가 불안하면 누워 있었는데 이제는 힘도 많이 생겼어요. 길을 걷는데 다리가 무너질 것만 같은 느낌, 계단을 내려가다가 삐끗해서 발목이 부러지거나 금이 가는데, 저도 혹 길을 가다가 발이 부러지면 어쩌지 라는 생각이 계속 드니까 걷는 게 두렵더라고요. 하루는 너무 불안해서 그냥 계속 누워 있었어요, 병원에 가서 사진 찍어보니 이상 없다고 하고, 물리치료사 선생님도 만져보니 이상 없다고 하고, 웃긴 건 아버지 자기가 만져 보겠대요, 잘 알지도 못하면서 다리를 만져보시더라고요. 손님이 온다고 해서 다행이지, 안 오셨으면 만지고 계셨겠죠. 처음 수술하고 병원에서 물리치료 할 때는 고역이었어요. 다리 수술 후 각도가 나오지 않았기 때문에, 억지로 다리를 꺾었죠. 그렇게 아플 수 없더라고요.

물리치료 시간이 힘들었어요. 그 시간이 끝나면 평온했어요. 다음 날 물리치료 가기 30분 전 정도 되면 가슴이 콩닥콩닥했죠. 도살장에 끌려가는 소처럼 싫었어요. 제 다리 수술 담당 선생님은 잘 오지도 않으셨고, 오셔도 별말 안 하고 가셨어요.

퇴원 후에는 다른 병원으로 옮겼죠, 그곳에서도 휠체어에 의존했죠. 걸으려면, 보조기를 차고 뒤뚱뒤뚱 걸었어요. 지금 생각해보면 어머니께 정말 감사해요, 싫은 내색 한번 하지 않으시고 보살펴 주셨으니까요. 저를 너무 들었다 놨다 해서 팔도 아프셨고요, 제가 말수가 줄어서 속병도 많이 앓으셨을 거예요. 그런데 저는 잠만 잤던 것 같아요. 왜 그랬나 싶어요. 옮긴 병원에서 다시 대학병원으로 경과를 보러 갔는데, 안에 넣은 구조물들이 자리가 벗어났데요. 다시 수술을 해야 된대요. 각도 더 굽혀서 오라고 하더라고요. 부모님은 망연자실 하셨죠, 저 또한 그랬고요. 집에 오는 길에 보쌈집에 들러 보쌈을 먹었습니다. 한숨박에 안 나오지 않았죠. 앞이 깜깜 하더라고요. 다음 날, 병원에 있는 정형외과 의사 선생님이 내려와서 절 만져 보더니, 자신의 실력으로는 안 된다고 하시더라고요, 대구 경북대학병원에 있는 선생님에게 가보다고 해서 갔습니다. 오래 기다렸죠. 유명 하신 분이라 예약이 꽉 차 있었죠. x-ray 찍고 들어가니 선생님께서 수술을 한 번으로 끝낼게 아니라, 여러 번 해야 된다고 힘들다고 그랬습니다,

돌아오는 길에 잠은 또 그렇게 오는지요, 저 자신이 답답했어요. 어떻게 해야 할까 고민하던 찰나, 대학병원에 제일 경험 많으신 교수님을 알게 되어 예약을 잡고 갔습니다. 같은 병원에서 다른 의사 선생님에게 진료를 받고 있었는데 맡아주실지 고민을 했습니다. 선생님께서도 생각하시더라고요, 심각하다고요, 제 다리가 굽어 있어서 뼈를 일자로 만들어야 하는 수술도 하면서 안에 구조물들을 빼는 수술을 해야 한다고 하더라고요, 해주신다고 하셨어요.

수술하러 가는 날, 얼마나 떨리던지요, 들어가는데 어머니 손 꼭 잡고 들어갔어요. 다녀올게 라고요.

수술은 성공적으로 끝났다고 하시더라고요. 그래도 뼈를 부서서 붙여놨기 때문에, 뼈가 붙으려면 시간이 필요하다고 했습니다. 또 새로 보조기를 맞췄죠. 뒤뚱뒤뚱 걸어 다녔어요. 몇 달 뒤 검진을 받으러 가보니 선생님께서 이제 걸어보자고 하셨어요. 보조기를 떼고 걷는데, 그 당시에는 근육이 다 빠져서 힘이 없었지만, 가벼웠습니다. 스스로 계단을 오르내리는 일반 사람이면 이해가 안 가지만 얼마나 감사한지요, 보조기를 떼고 걷고 몇 달 뒤부터 앞에서 말했듯이 다리가 흔들거릴 때도 빠지는 느낌이 들 때도 있었죠.

지금은 조금씩 뛸 수 있어요. 친구들이 하는 말이 '너 안 아파 보인다'라고 그래요. 겉으로는 멀쩡하니까요. 버스에서도 나이 드신 어르신이 타시길래, 자리를 비켜드리려고 했죠. 의수를 끼고 있어서 자리를 양보하려다 오히려 제가 양보를 받게 되었어요. 버스를 타기까지 시간이 꽤 걸렸죠. 우리나라 버스들은 무슨 경주하듯이 가잖아요, 캐나다에 있었을 때는 사람이 지나가면 신호등이 있건 없건 한 번 정지하고 가거든요. 우리나라 문화가 아쉬운 점이 있지만, 로마에 가면 로마법을 따르라고 하듯이 말이 있듯이 어쩔 수 없는 것 같아요.

다리 수술 후 선생님을 찾아갈 때마다 선생님께서 "근육 많이 붙었네."라고 하시더라고요. 마지막으로 검진을 다녀왔을 때도, 몇 안 되는 성공적인 수술이라며 학술 발표 자료로 쓰시겠다고 하시더라구요. 다행이죠.

지옥과 천국을 오갔죠. 지옥에 있었던 시기를 생각하면 나보다 힘든 사람 있을까 싶었는데 저보다 힘든 사람 많았어요. 어린 나이에 다리가 절단된 동생, 암으로 하반신을 못 쓰던 형, 수술 중 신경을 잘못 건드려 하지에 감각이 없어진 형, 추락사고로 반신불수가 된 아저씨, 함께 생활하면서 서로 힘이 됐어요. 함께 게임도 하고 치킨도 시켜먹었어요. 병원 생활이 늘 암울하지는 않았어요. 좋은 추억이었어요. 암 투병 하던 형이 하늘나라로 갔을 때 장례식장에 가니, 눈물이 메말랐던 저도 눈물이 핑 돌더라고요.

오랜만에 혼자 부산으로 여행을 다녀왔어요. 좋은 경치를 보고 행복감을 느끼고 싶었어요. 많이 건강해졌어요. 노래 틀어놓고 춤을 추기도 하고, 게임은 못했지만 오랜만에 피시방에 가기도 했고요. 직접 음식을 만들어 먹을 수도 있었어요.

이 모든 게 가능하려면 첫째, 건강해야 한다고 생각해요. 아프면 아무것도 못해요. 아버지가 강조하는 것이 두 가지가 있어요, 첫째 운동, 둘째 잠이에요. 제가 늦게까지 안 자고 있으면 자라고 난리셔요. 공부한다고 해도 내일 맑은 정신으로 하고 지금은 자라고 하세요. 이제야 아버지의 말씀이 이해가 됩니다.

오래 걸려도 포기하지 말자고 말해주고 싶어요. 누워 있어서 다리를 많이 움직이지 못했죠. 멀리 가지도 못했어요. 공황장애가 올까봐 걱정도 되었습니다. 요즘은 다리에 미안하지 않아요. 아침이든 저녁이든 꼭 한번은 걸으려 하거든요. 봄, 가을의 아침에 산책하면 얼마나 좋은지 몰라요. 시원한 공기 맞으며 걸으면 온종일 기분이 좋죠. 하늘 사진 한 장 찍고요. 하늘은 같은 자리에 있어도 항상 다른 사진을 찍을 수 있잖아요.

나의 가족

힘들었지만, 잘 버티고 견디는 이유는 가족이 있기 때문입니다. 정말 감사하죠. 제가 의연하지 못할 때도 있었지만 부모님은 한 번도 원망하지 않으셨어요. 정말 감사하지요.

이제 어떤 나날이 펼쳐질지 생각하면 가슴이 두근두근해요. 물론 현실은 다르겠지만, 마음이 한결 가벼워 졌어요.

사람이 감사할 때 뇌에서 아주 좋은 물질이 나온다고 해요. 그리고 제가 읽은 '행복을 부르는 인간형'이라는 책에서는 감사하면 나에게 3배의 기쁨이 온다고 하더라고요. 내가 감사함으로 첫 번째 기쁨으로, 두 번째 상대방이 느끼는 두 배의 기쁨으로, 마지막으로 나에게 그 기쁨이 전달되는 세배의 기쁨으로요.

이만하면 돈 드는 것도 아니고 시간이 들지도 않는데, 감사 한 번 해보아도 괜찮지 않을까요? 감사란 누군가를 위한 것이지만, 한편으로는 저 자신을 위한 것이에요. 사람은 누구나 이기적인 마음을 가지고 있다고 합니다. 누군가는 봉사하는 사람도 자기만족을 하기 위해 봉사를 한다고 말하더군요. 감사함으로 나 자신이 좋아진다면 몇 번을 해도 좋지 않을까요. 저도 도움을 누군가에게 주었을 때 진심으로 저에게 감사하다는 말을 들으면 기분이 좋아지더라고요. 글쓰고 있는 지금도 제가 감사를 직접 말하진 않았지만, 글을 쓸 수 있음에 감사해, 라고 하니 저도 모르게 기분이 좋아지네요. 가족에게 정말 감사해요. 어렸을 때 저희 집이 그렇게 부유하지는 않아서 맛있는 음식, 여행을 가지 않았던 건 사실입니다.

어렸을 땐 매번 놀러다니는 친구들을 보면 부러웠죠. 부모님은 알뜰하셨어요. 베풀 땐 베푸는데, 절약하시죠, 지금 생각해보면 그 덕분에 제가 아팠을 때도 흔들리지 않으셨어요. 요즘은 다른 집들보다 외식을 자주 하는 편입니다. 여행도 같이 가고요, 돈독했던 가족이 더 돈독해졌어요. 가족 여행으로 대만, 제주도에도 다녀오고요.

돌이켜보면 저도 부모님께 짜증을 많이 냈던 것 같아요. 사춘기가 있었어요. 친구들하고 늦게까지 같이 놀고 싶고요. 요즘은요, 가족들과 있어도 좋습니다. 가족은 제일 좋은 친구면서도, 조언자, 격려자가 되더라고요. 가족끼리 초밥 뷔페 먹으러 간 것도 생각나네요. 롤, 생선 초밥, 유부초밥, 연어초밥, 소고기 초밥 먹으니 행복이 멀리 있는 게 아니더라고요. 초밥을 먹으러 간 적이 몇 번 더 있어요. 조금 가격이 낮은 초밥집에 가서 정말 맛있게 먹은 적도 있고요. 쿠폰이 있어 싸게 먹었던 적도 있고요, 저 시험 치고 수고 했다고 초밥을 먹으러 간 적도 있어요.

뷔페도 갔었어요. 누나, 저, 어머니는 배가 터질 듯이 먹는데, 아버지는 딱 정량만큼 드셔요. 이해가 안 간다며 웃죠. 뷔페에 가서 딱 먹을 만큼만 먹는 사람은 손에 꼽힐 건데, 그중 아버지도 포함된다고요. 하루는 가을에 단풍을 보러 갔어요. 어딜 가든, 마음이 맞는 사람이랑 가면 풍경을 봐도 "와~" 멋진 날씨를 봐도 "와~"하죠. 제 친구 중에 그런 친구들이 있어요. 같이 여행을 가면

'와! 죽인다!'와 '여기서 사진 찍자'라고 하는 친구들이 있어요. 마음이 잘 맞으니 날씨가 더워도 재밌고, 비가 와도 재밌어요.

가족은 젤 가까운 친구입니다. 제일 편해서 때론 짜증도 나고 싫을 때도 있지만, 가족이 있다는 사실에 감사합니다. 저는 부모님께서 욕하면서 싸운 적이 한 번도 본 적 없어요. 언성이 높아진 적은 있지만, 서로를 배려해주시죠. 코끝이 찡하네요.

아까도 얘기했지만, 부모님은 제가 옆에만 있어 줘도 감사하다고 그러셨어요. 그런데 왜 의연하게 대처하지 않느냐고 그러셨죠. 부모님은 저에게 많은 걸 바라지 않으셨어요. 성적표도 한 번도 보여준 적이 없고요. 중간만 하라고 하셨죠. 착하고 성실하게 살라고 말씀하셨어요. 친구들 보면 가족들과 싸우는 집이 많더라고요. 저는 화가 날 때가 서로 생각 하는 게 다를 때였어요. 나는 아프고 힘이 드는데 들어

"환상통, 공황장애가 오면 아무것도 못 하겠어요. 아빠."

"무시해봐라."

"해도 안 된다고요, 재가 몇 번을 생각하고 다짐했던 줄 아세요?"

"아빠는 안 그런 줄 아나?"

"제 상황이 되어보셨어요?"

라고요. 아마 공감 하실 거예요. 저는 아버지와 이렇게 다투었어요. 하지만 한걸음 뒤로 물러서서 생각하니 아버지 말도 일리가 있더라고요. 살아오면서 경험도 많으셨을 거예요. '아버지 말대로 한번 해보자!'라고 생각하니 만족할 정도는 아니지만, 효과가 있었어요. 가족이 뭐라고 하는 건 조언을 해주고 싶은데 너무 가까운 사이라 화를 내게 되는 것 같아요. 원래 가족과 사이가 좋았지만, 요즘 제가 바뀌려고 노력하니 어머니도 행복하다고 하시고, 저에게도 많은 변화가 생겼어요. 긍정적으로 생각하니, 좋은 일이 생기지 않아도 좋더라고요. 자존감을 훈련하는 게, 때로는 위기를 맞기도 하고 힘들기도 하겠지만, 꾸준히 노력하다 보면 한층 성장해나갈 수 있을 거라 생각합니다. 저를 지지해주는 가족이 있으니까 더욱 더요.

가족들과 싸움이 잦다면 저부터 바뀌려고 노력하면 많은 부분이 바뀌더라고요. 스스로 청소를 한다거나, 어머니 아버지 어깨를 주물러 준다거나요, 가족들과의 앞날이 더 기대됩니다. 아버지와 가을에 등산 간다고 했는데, 벌써 설레네요. 단풍 볼 생각하니까요.

상담

마음이 힘들어서 상담을 받기로 마음을 먹었습니다. 그런데 검색하다 보니, 가격이 만만치 않더라고요. 한번 하는데, 몇 만 원이나 하니 말이죠. 그만큼의 금전적 여유가 없어 고민하던 찰나, 장애인에 대한 일자리도 알아볼 겸 울주 장애인 복지관에 전화했습니다. "제가 상황이 조금 힘든데요, 장애인 복지관의 도움을 좀 받고 싶습니다." 하고요. 선생님께서 그러시더라고요. "비밀 보장이 되니, 상담을 해봅시다."비용은 복지관에서 지원해준다고요. 장애인 복지 차량도 오더라고요. 덕분에 편안하게 도착했습니다. 시간이 조금 남아 도서실에 들어가 책을 읽었죠. 가니까, 지체 장애 1급이신 분들이 많았어요. 뇌병변 으로 힘들어하시는 분들도 많았고요. 팔, 다리 한쪽을 못 쓰시는 분이 많았죠. 교통사고로 크게 다치신 분들도 많았고, 전동 휠체어 타시는 분들도 많았습니다.

제가 처음 가니, 사람들이 "아이고, 학생! 어쩌다 그래 됐어요?"라고 하시더라고요. 이미 워낙 많이 받은 질문이라, "아, 사고로 조금 크게 다쳤어요."라고 했죠. 그럼 꼭 몇 분이 "무슨 사고? 교통사고?"라고 말씀하시죠. "아, 네 그런 사고요."라고 말해요.

복지관에 가서 책도 읽었어요. 책을 읽다 보니 나이가 들수록 관리를 더 잘해야겠다는 생각이 들었어요. 아버지는 걱정 안 해요, 항상 적정량만 드시고, 운동하시고, 잠도 머리만 댔다 하면 주무시거든요. 규칙적으로 생활하세요. 아버지는 말씀하세요.

"걸어라. 걷는 게 혈액 순환이 잘 된다. 걷는 게 최고다."

아버지는 걷기로 건강해지셨거든요, 거의 15년이 넘는 시간 동안 저녁 식사 후에 걸으셨어요. 요즘은 잔병치레도 하지 않고 아픈 곳도 거의 없으셔요. 저번에 등산을 갔는데, 아버지보다 젊으신 분들이 아버지를 못 따라가겠다고 하셨대요.

복지관에 뇌 병변이신 분들이 많았어요. 몸 반쪽을 쓰지 못하세요. 혼자 운동을 다니다가 매일 보던 아저씨가 있었는데 뇌 병변 환자였어요. 제 처지도 좋지 않았지만 안쓰러웠어요. 그 분은 매일 걸으시더라고요.

상담을 시작했어요. '별로 도움 안 되겠지'라고 생각했는데, 조금씩 나아지더라고요. 마음속에 있던 모습이 보였죠. 조급함과 불안함은 잊어버리라고요. 쉽지 않겠지만, 계속 노력해야 한다고요. 아직 현재 진행형입니다. 상담사 선생님이 저의 장점을 써오라고 하셨는데, 막상 쓰려고 보니 생각보다 많았어요. 아주 사소한 것까지 적어오라고 하셨거든요. 먼저 '손이 예쁘다'

고 적었어요. 그런 말 많이 들었거든요. 어머니, 아버지와 대화하면서 제 장점들을 쭉 적어나갔어요.

그런 과정을 거쳐 자신감이 생기기 시작했어요. 그리고 저 말고도 많은 사람들이 고통 속에서 헤매고 있다는 걸 알았어요. 앞으로 일어날 일에 대해 너무 걱정하지 말래요. 저에겐 소중한 사람이 많다고 느꼈어요. 상담을 통해 느낀 바가 있습니다. 행복하지 않다고 생각했는데, 아니었어요. 상담을 통해 제 상황이 분석이 되었어요,

상담을 통해 많은 도움을 받았어요. 일하는 친구들을 보면서도 느꼈어요. 친한 친구 중에 한 명이, 회사에 다니다가 1달에 1번 쉬고 출근했어요. 밤을 지새우거나 쪽잠을 잘 때고 있대요. 하루는 지각을 할 것 같아서 빨리 운전하다가 사고가 나버렸어요. 차가 뒤집혀 버렸죠. 차가 다니는 도로에서 뒤집혔는데, 일어설 힘이 없어서 비상등만 깜빡깜빡 눌렀대요, 지나가던 아저씨들께서 발견하고 병원에 데려다줬대요. 그런데 이런 친구에게 며칠 쉬다가 출근하라고 하셨대요. 그때 친구가 이 직장은 아닌 것 같다고 느꼈대요. 주위 분들도 만류하고요. 그래서 그만두었대요. 1달에 1번 쉰다고 하면 말다 한 거죠. 힘들지 않았냐고 물어보니, 월급이라도 많이 줬으면 모르겠는데, 돈도 얼마 안 줬대요. 화가 치밀어 오르더라고요. 친구는 지금은 대기업에 다니고 있습니다. 한층 좋아 보이더라고요. 돈도 많이 벌고, 휴식시간도 많아졌다고요. 친구 두 명이서 같이 자취를 하는데 운동기구도 사서 운동하더라고요. 힘들긴 하지만 견딜 만하다고요. 친구는 건강이 신경 쓰이는지 비타민C도 아닌 오메가3를 먹고, 홍삼을 챙겨 먹더라고요. 저도 하나 먹었어요. 저도 건강 생각하거든요. 웃기죠. 저희 25살입니다. 벌써 건강 생각하

네요.

　이렇게 일로 힘든 친구가 있지만, 가정이 조금 힘든 친구들도 많았어요. 조심스러운 부분입니다. 가장 행복해야 할 집이 불편하다면 힘들겠죠. 사춘기 때는 집에 들어가기 싫은 건 많은 분이 공감을 할 텐데, 아버지가 과음하시고 행동이 올바르지 않다거나, 형제들끼리 서로 거의 없는 사람처럼 대하는 친구들도 의외로 많더라고요

　저는 누나와 잘 지내는 편입니다. 크게 싸운 적은 한 번도 없죠. 누나의 친한 친구들의 이름도 알고요. 누나랑 영화도 보러 가고, 밥도 먹으러 같이 가요. 누나가 틱틱 댈 때도 있지만, 맛있는 음식도 사주고요. 제 걱정을 많이 해줘요. 같이 통닭도 가지러 갔었어요.

　상담하면서 느꼈어요. 행복은 우리 주위에 있다는 것을요, 길을 걷다가도 길 위에 피어 있는 꽃을 보면서 예쁘다고 느낄 수도 있고, 하늘이 예뻐서 그냥 하늘이 예뻐서! 기분 좋은 날도 있잖아요. 어제 가족들과 외식을 하면서 하늘을 봤는데 부모님도 감탄사를 연발하셨어요. 제 기분도 좋아지더라고요, 같이 하늘을 보며 걸을 수 있다는 것이 좋았습니다.

　날씨가 무척 더웠는데, 아버지께서 새로 생긴 굴에 가보자고 하시더라고요, 어머니가 다녀오고 별로라고 말해도 가자고 하셨어요, 누나와 어머니는 차 안에서 기다리고요. 가니까 생긴 지 얼마 안 돼서, 사람들이 바글바글했습니다. 아버지와 사진을 찍고 한 바퀴 걸었죠.

　어렸을 때 자수정 동굴 나라에 갔던 적이 생각이 납니다. 여름에 추웠던 기억, 물놀이 했던 기억이 났어요. 친구들과 장난감 풍선을 사서 장난치며

놀았던 기억도 나고요. 언제부턴가 웃는 법을 까먹었는데, 요즘 한층 웃음이 많아졌어요. 어머니도 아들이 밝아 보여서 좋다고 하셔요. 어렸을 때는 애교도 많고, 어머니를 웃게 만드는 일이 많았는데 나이가 들수록 잘 안 되나 봐요. 생각이 많으면, 행동이 두려워지는데 그런가 봐요. 어릴 땐 웃고 싶을 때 웃고, 울고 싶을 때 우는데 나이가 들면, 웃고 싶어도 웃질 못하고 울고 싶을 땐 더 울지를 못하는 것 같아요. 저는 눈물이 말랐어요. 수술 후 슬픈 장면을 봐도 눈물이 나오지 않았어요. 아무리 울려고 해도요. 요즘은 조금은 잘 웁니다, 울컥할 때도 있고요. 훨씬 좋더라고요. 울 수 있는 게 행복인가 싶을 건데 마음속에 있던 응어리들이 마음 바깥으로 올라오더라고요. 뜨거운 뭐가 나오는 기분이요. 언젠가 그런 생각도 했어요. '진짜 내가 사랑하는 지인이 죽었을 때도 눈물이 나오지 않으면 어찌지.'라고요. 전 심각했어요. 영화를 보러 갔는데, 다들 우는데 눈물이 안 나더라고요. 울고 싶은데도 눈물이 나오지 않았어요. 그런데 요즘은 조금씩 눈물이 흘러요. 조금 더 회복된다면, 더 큰 변화가 있을 거라 생각해요. 저는 참 눈물이 많은 아이였는데, 정반대로 가게 됐네요. 물론 눈물을 많이 흘리는 건 좋지 않겠지만, 한 번쯤은 흘릴 수 있다는 것에 감사하기를 바라요. 마음 놓고 웃을 수 있다는 것도요. 웃으면 행복지수가 올라간대요. 많이 웃을수록 좋대요. 조그만 일에도 웃어보려고요. 친구들과 배꼽 빠지게 웃던 그때가 그립습니다. 남 눈치를 안 보고 웃을 수 있도록요.

상담하면서 깨달은 게 있다면, 나만 힘든 게 아니라는 거예요. 누군가의 작은 위로도 큰 도움이 됩니다. 특히 친한 친구 관계에서 더 그렇죠. 친할

수록 더 존중해주는 그런 관계요. 분명 누군가에게 힘이 될 수 있다고 생각합니다. 자신이 그런 사람이 아니더라고 생각하더라도 누군가에겐 꼭 힘이 될 수 있어요. 제가 느꼈거든요.

지인들의 조언

저는 참 행운아인 거 같아요. 주위에 좋은 얘기를 해주는 친구들이 있어서요. 동네 친구들과는 어렸을 때부터 매일 붙어 다닌 친구들은 많이 없지만, 한 번씩 만나서 밥도 먹고 그래요, 친구가 연락이 오죠. 빙수 먹으러 가자고요. 근처 커피숍에 가서 우유 빙수를 먹고 헤어졌어요. 예전과 다름없이 지내죠. 또 보자고 하고 헤어졌어요. 동네 친구가 이래서 좋은 것 같아요. 격식을 차리지 않고, 실없게 얘기하고 오고요.

전 초등학교 때부터 왜 그렇게 소심했나 싶었어요, 친구 많은 친구를 보면 부러웠죠, 저는 중학교 때까지 내성적이었어요. 친구들 앞에서 얘기도 잘못했고요. 발표를 시킬까 봐 떨리곤 했어요. 속으로 '나 시키지 마라. 나 시키지 마라.'라고 했던 것 같아요. 무서운 선생님이 시키면 얼굴이 빨개졌죠. 홍당무처럼요. 언젠가 부반장 한 적이 있는데, 평판이 좋았어요. 요즘

교복을 줄여 입고, 화장하고, 담배 피우는 학생들 보면 그러지 말라고 말하고 싶은데 무서워요. 한번은 담배 피우는 학생에게 말했어요.

"안 끄나?"

그러니까, 저를 계속 쳐다보더니,

"몇 살인데요?"

"25살인데요."

"지보다 형이시네요, 저는, 23살인데, 조심합시다."라고 하더라고요.

제가 잘못 했으니까 죄송하다고 했죠. 어린 학생들이나 대학생들을 보면 무서워요. 요즘 계속 말이 나오잖아요. 집단 폭행, 묻지 마 폭행 같은 거요. 친구 중에 한 명이 묻지 마 폭행을 당한 적이 있어요. 일명 퍽치기라고 하죠. 밤에 혼자 지하철을 걷고 있는데, 어떤 소리가 났고 정신을 차려 보니 누워 있더래요. 길 가다가 퍽치기 당하면 정말 위험할 것 같아요. 동네 친구들도 요즘 애들 무섭다고 말해요. 길 가다가 눈 마주치면 피한다고요.

동네 친구들과는 어머니들끼리도 서로 아세요. 친구들하고 얘기하고 있는데, 다른 친구들과 마주칠 때도 있고요. "와 오랜만이다 뭐 하고 지내나?" 하면, "그냥 뭐 지내지." 살 많이 쪘다고 하면, "술을 많이 마셔서 그렇다."래요. 술이 참 뭔지, 저도 술 마시는 것 좋아했거든요. 술에 취한 다기보다 분위기에 취한다고 하죠.

술을 마시다 보면 기분이 좋아져서 말도 빨라지고, 목소리도 커지고요. 친구들이 담배는 끊어도, 술은 못 끊겠다고 하더라고요. 한번 먹으면 또 먹고 싶고, 또 먹고 싶어진대요. 저는 요즘 아예 안 먹습니다. 의사 선생님께서 딱 한 잔만, 딱 한 잔만 마시라고 하셨거든요. 그런데 한잔 먹다 보니 또 먹고 싶어져서요. 그래서 그냥 아예 마시지 않습니다. 친구들과 저녁을 먹으러 가도 "난 사이다." 라고 하고 마시지 않죠. 친구들도 이해해줘요.

아프지 않았던 시절, 친구들과 술을 마시러 갔는데, 저도 마시지 않겠다 하고, 친구도 마시지 않겠다고 했어요. 그런데 친구들이 저는 마시지 말라고 하고 다른 친구에게는 먹어야 한다고 했어요.

왜 그런가 보니, 이유가 다 있죠. 평소에도 일명 밑잔 빼기 있죠. 술을 조금 남겨 두고 마시기요. 그렇게 몰래몰래 하니까 친구들이 눈치를 채고 있었죠. 이제는 확인부터 합니다. 밑잔 뺐는지 안 뺐는지요. 친구를 속이려고 하지 않으니 친구들도 저를 속이려 하지 않더라고요. 친구끼리 밥을 먹으러 간 적이 있는데, 제가 밥값을 냈던 적이 있어요. 그 당시에 친구들이 돈이 없던 시기였어요. 저에게 그러더라고요. 고맙다고요. 공짜는 없다고 했지만, 저는 친구들이 나중에 밥을 안 사줘도 상관없다고 생각했어요. 돈 관계는 철저히 해야겠지만요.

누나가 그러더라고요, 돈을 빌려달라고 하면 내가 감당할 수 있는 선에서 빌려주고, 준다는 생각을 가지라고요. 누나의 말이 무슨 말인지 몰랐는데, 몇 번 경험 하고 나니 느껴지더라고요. 친구들에게 돈을 몇 번 빌려준 적이 있는데, 갚으라고 말하기에는 쪼잔한 것 같고 안 받자니, 기분이 찜찜하고요. 친구가 기억 못 했는지 안 갚더라고요. 대신 다음에 빌려 달라고 하면 빌려주지 말아야죠.

저는 술자리에서건, 카페에서건 좋은 영향력을 많이 받았어요. 대학 친구

들에게도 많이 받았어요, 한 친구가

"나는 네가, 우리랑 다르다고 생각 안 한다. 있는 그대로 행동할 거라고. 똑같이 할 수 있고, 똑같이 여전히 친구라고 생각한다."

라고 말하더라고요. 대학 친구들과 연락 주고받는데 웃겨요. 운동하니까 운동 사진을 올리고요, 저는 하늘 사진 좋아해서 풍경 사진도 올리고요. 그런데 멀리 떨어져 있어서 아쉬워요. 눈에서 멀어지면 마음이 멀어진다고 하잖아요. 가까이 있을 때 보다는 소통이 잘 안 이루어지죠.

물리치료사 선생님들께도 좋은 영향력 많이 받았어요. 선생님들께서 제가 힘이 없을 때 영화를 추천해주시기도 고요, 마음이 맞는 선생님과는 운동 얘기도 했어요. 야구 얘기할 때는 선생님이 롯데 팬이시고 제가 삼성 팬이어서 서로 못하면,

"에~~~ 어제 경기 보니까 못하던데요."

장난도 하고요.

나중에 제가 몸이 좋아지면 그때 꼭 운동 한 번 같이하자고 했어요. 얼마 전엔 선생님들과 오리 불고기를 먹으러 갔는데 책을 사주시더라고요. 저는 좋았어요. 요즘 책 읽는데 흥미를 붙였어요. 한 책을 5번 읽었던 적은 처음이었던 것 같아요. 책 내용이 자존감 높이는 방법을 알려주는 책이었는데, 마음에 와 닿던 구절이 있어요.'자존감을 높이는 건 사람 사는 것과 비슷하다고요. 어떨 땐, 힘들 때도 있고 또 어떨 땐 잘 되는 것만 같기도 한 대 일희일비하지 말고 꾸준히 노력하라.'고요. 자존감이 높으면 슬픔에서도 잘 이겨내고, 자신감이 있고 두려움도 해결해나가는 힘이 생긴다고 하더라고요.

이 책을 산 것도 어찌 보면 좋은 선택이죠. 책 100권을 읽고 머릿속에 남지 않는 것 보다 5권을 내 걸로 만드는 게 훨씬 좋다고 누가 그러더라고요. 저도 그렇게 생각합니다. 중고등학교 때 읽은 책들 기억에 남는 장면이 몇 안 되는 것 같아요.

시험을 잘 치기 위해서 무작정 외우다가 시간 다 보냈습니다. 마음의 양식을 쌓는 게 더 중요한데 말이죠. 헬스장 대표님도 좋은 조언을 해주셨어요. "너는 왜 팔이 하나 없다고 팔! 팔! 팔이 없어서 못 하겠다는 소리를 하냐?"고요, "팔 있었을 때도 나만큼 운동 열심히 했냐?" 뜨끔했습니다.

아버지의 친구 분들 에게도 좋은 영향력을 많이 받았습니다. 저보고 너무 급하대요. 내려놓으래요. 그래서 요즘은 한 템포 쉬어 갑니다. 마음이 평온해지게요. 예전에는 신호가 파란불이 되면 냅다 걸어갔죠. 요즘은 빨간불이라도 뛰어가는 사람들이 있어요. 저도 그랬어요. 차만 없으면, 뒤도 돌아보지 않고 달리죠. 뭐가 그리 급한지 뛰어갔어요. 하지만 요즘은 아침 산책할 때 파란불이어도 다음 파란불이 될 때까지 쉬죠. 여유가 생기더라고요. 천천히 하는 것도 삶의 질을 높여줍니다. 아버지 친구 분 중에 한 분은 밥을 먹을 때도 음미하시면서 드세요.

친구들이랑 서로 많이 먹으려고 미친 듯이 먹은 적이 있어요. 화장실도 가면 안 됐어요. 갔다 오면 다 먹고 없거든요. 한번 화장실을 갔다 왔는데 이런 적도 있어요.

"아직 안 나왔나?"

"다 먹었다!"

그래서 다음부터는 화장실 잘 안 갔어요. 갓 20살 되었던 터라 식욕이 장난 아니었거든요.

마음의 여유를 가지면 여러모로 도움이 됩니다. 한걸음 뒤로 물러서서 생각하면 잘 보인다는 말을 이해 못 했는데, 이제 조금 알 것 같아요. 공부할 때도 그냥 하지 말고'이게 왜 이렇게 됐지?'라고 생각하니 한결 마음이 편해졌어요. 마음이 급한 사람일수록 질병에 잘 걸린다는 연구 결과도 있어요.

평온한 마음을 가진 지인들이 있어요. 급한 일이 생겨도 여유롭게 대처합니다. 멋져요. 저도 그렇게 되기 위해 노력할 거에요. 주위에 저에게 이렇게 조언을 많이 해주는 사람이 있다는 게 행운인 것 같아요. 감사해요!

감사하는 마음의 힘

온라인으로 알게 된 헬스 트레이너 형님이 계세요. 저에게 "대단하다"고 말씀해주세요. 그 형님을 보면 마음이 편해져요. 멀리 떨어져 있어도 긍정 에너지가 전달되곤 해요. "아자 아자!" "고고!"를 많이 외치시는데 저도 따라 해요.

잘나간다고 고개를 치켜세우는 것보다 겸손할수록 더 좋은 일들이 생겨요. 벼도 익을수록 고개를 숙이죠. 저도 친구들과 공 찰 때 저보다 잘 차는 사람들과 한 팀이 되고 싶다고 생각했죠. 반대로 생각하면 저보다 잘 차는 친구들은 저와 같은 팀이 되기 싫다고 생각할 수도 있었겠죠.

한걸음 물러서서 생각하니 그렇더라고요. 나도 못할 때가 있었어요. 고등학교 다닐 때까지 공을 잘 차는 편이 아니었어요. 그 당시에 친구들이 저를 불러주는 것으로도 감사했어요. 원했거든요. 친구들과 즐거운 시간을 보내는 것이 중요하지 이기고 지는 게 중요한 것이 아니었어요.

물론 경기에 나가면 결과가 중요하죠. 하지만 축구가 끝나고, 친구들과 밀면을 먹는 게 더 행복했어요. 자주 먹어서 '밀프 씨'라고 이름도 지었어요. 웃기죠. 한참 웃었던 기억이 납니다. 언제가 부터 이런 사소함에서 오는 행복을 느낄 수 있어서 감사해요.

할 수 있는 걸 못할 때, 당연시 할 수 있던 걸 못하게 될 때, 오는 상실감은 말로 표현할 수 없어요. 집에 오면 반겨주시던 어머니가 없다고 생각해보니, 힘들더라고요. 매일 밥해주시고, 청소해주시고, 빨래해주시던 어머니를 당연하다고 생각하면 안 되겠더라고요.

가끔 독립하고 싶다는 생각도 해봤어요. 그런데 집에서 나와 자취를 하는 친구가 말해줬어요. "1년 정도 자취해봐. 그 말 쏙 들어갈 거야."청소, 빨래, 음식, 수도세, 전기세 자기가 다 내니 힘들다고 하네요. 처음엔 더할 나위 없이 좋대요. 온종일 밖에서 놀아도 뭐라고 하는 사람 없으니까요. 그런데 식사도 매일 라면, 치킨 등만 먹다 보니 질린대요. 여름에도 감기 걸린 친구가 있어요.

부모님께 감사해야 할 것 같아요. 그런데 어머니는 저에게 고맙다고 말씀하세요. 이렇게 견뎌 줘서요. 얼마나 마음이 아프던지요. 공무원 시험에 합격해도 이겨내지 못해 쉬고 있으니까요. 제가 감사해야 하는데 어머니께서 감사하대요.

얼마 전, 노래하는 프로그램에서 어머니와 함께 나와 어머니 손을 꼭 붙잡고 있던 청년을 봤어요. 노래 부르기 전 사연을 들어보니 청년은 뱃속에서 있을 때부터 머리 뒤쪽에 뼈가 없어서, 뇌가 튀어나와 있었대요. 살 확률은 1%도 안 된다고 했대요. 어머니는 포기하려고 했지만, 아이의 태동을 느꼈대요. 수술을 앞두고 수술이 성공하면 기적이라고 했대요. 수술이 끝나고 세상 밖으로 나왔는데, 소뇌의 70%로 대뇌의 90%로 가 없는 상태로 태어났대요. 옆에서 숨만 쉬고 있어도 감사했다고 그러시더라고요. 부모의 힘은 대단한 것 같아요. 아이가 일어섰을 때, 처음 말문이 트일 때, 엄마라고 처음 얘기할 때, 하루하루가 추억이었다고 그러더라고요. 7살 땐가, 처음으로, 노래를 불렀대요. 사람들이 감동했죠. 한쪽 귀가 들리지 않고, 한쪽 눈도 보이지 않고 지적, 지체 장애를 앓고 있죠. 노래를 온전히 듣고 외워서 부르더라고요. 많은 분이 감동하셨어요. 어머님께서는 기다림의 연속이셨대요.

아이가 걸음마를 뗄 때까지 참고 기다려주고, 아이가 얘기하기 위해서 얼마나 많은 기다림의 연속이었는지 몰랐다고 그러셨어요. 그런데 그 기다림이 전혀 힘들지 않았고 행복의 연속이었다고 그러시더라고요. 감사하다고요.

우리는 참 빨리 가려고 하죠. 뭣하러 그렇게 바쁜지 모르겠어요. 일도 빨리빨리 하는 사람이 인정받고요. 횡단보도에서 막 뛰어가는 것이 일상화되었죠. 저 또한 마음이 급했어요. 안 되겠다 싶어서, 밥숟가락을 작은 거로 바꾼 적도 있어요. 그래도 처음엔 많이 먹게 되더라고요. 많이 펐으니까요. 허

겁지겁, 어머니가 그렇게 천천히 먹으라고 말해도 안 들렸어요. 어느 날, 제가 주인이 되는 게 아니라 부수적인 것들이 주인이 되고 있다고 느꼈어요. 빠른 컴퓨터, 휴대전화 덕분에 편리했지만, 내가 휴대전화를 사용하는지, 휴대전화가 저를 사용하는지 모르겠더라고요. 대학교 다닐 때는, 연락이 오지 않아도 누워서 휴대전화를 본다고 시간 다 가더라고요. 친구들도 그래요. 자기 전에는 항상 휴대전화 보다가 잠든다고요. 이제는 5G가 나온다고 합니다. 얼마나 빠를지 상상조차 안 드네요. 제가 어렸을 때, 아직 나이가 얼마 안 되지만, 2G 휴대전화를 사용하는 사촌 형들이랑 할머니 집에서, 만나면, 휴대전화 주파수 잡았던 때가 기억이 납니다.

"아, 잡았다!"

"아. 또 끊겼네."

라고요. 그때 당시만 해도 우리는 그렇게 빠름에 물들지는 않았습니다. 그런데 요즘에는 인터넷이 몇 분간 안 되면 신경이 쓰여요.

저희 어머니도 그러서요. 아침마다 목욕탕을 가는데, 감사하다고 마음속으로 새기고 간다고요. 이렇게 가족과 할 수 있음에 감사하다고요. 사람은 망각의 동물이라고 하는데, 딱 저도 그렇더라고요. 부모님이 날 위해 이토록 애써주셨는데, 저도 모르게 상처를 줬어요. 제 의도와는 다르게요. 그래서 요즘엔 죄송하다고 합니다. 감사하다고 얘기하기도 하고요.

처음엔 쑥스러웠는데, 이제는 조금씩 자연스러워지더라고요. 저희 가정이요? 요즘은 좋습니다. 남을 탓하지 말고 자신부터 바꾸면 어떨까요. 예전에 그런 말 있잖아요.

'웃는 얼굴에 침 못 뱉는다고요.'

잘 웃는 친구가 있는데 그 친구 앞에서는 용서가 돼요. 기분이 나쁘게 웃는 게 아니라, 순수한 웃음 있죠. 그 친구랑 나중에 회 먹으러 가기로 했습니다. 친한 친구 중에 화를 거의 안내는 친구가 있어요. 배울 점이 참 많은 친구죠. 친구 덕분에 나도 다른 사람에게 관대해지기 시작했어요.

노력하다 보니, 조금씩 변화되어 가는 제 모습이 보이더라고요. 대인관계도 원만해졌고요, 가족과의 관계에서도 좋아졌고, 기분 나쁘게 싸운 적도 없어요. 감사하면, 뇌에서 좋은 호르몬을 내보낸대요. 작은 일에 감사하는 것을 잊지 않을 거에요. 혼자였으면 절대로 이겨냈을 수 없을 거예요.

얼른 뜨거운 여름이 가고 가을이 왔으면 좋겠습니다. 가족들과 운문사에 단풍 보러 가게요. 더워 죽겠는 여름이 가고 시원한 가을이 오면 감사하듯이 조그만 일에도 감사하는 마음을 가진다면 어떨까요.

'감사합니다.' 라고 말하면 상대방도 좋고 저도 좋잖아요. 저도 성심성의껏 도와줬는데, 아무 말 하지 않는 친구들이 있으면 서운하더라고요. 감사하다는 말은 써도 기분 좋아지게 만드는 말 같아요. 저 자신에게도 좋아지는 것 같아요.

계속 강조하듯이, 정말로 기분이 좋아지게 하는 물질을 몸에서 내보내나 봐요. 아는 형님께서 밥 사 줄 때, 어머니가 옷을 사줄 때, 친구가 선물을 줄 때, 감사한다고 말하면 저도 좋고, 친구도 좋고요. 누이 좋고 매부 좋고. 그 중 제가 제일 감사한 걸 꼽으라고 한다면, 병원에서, 끝까지 지켜준 가족들, 친구들에게 감사합니다. 친척들 사촌 형들도 와서 진심으로 슬퍼해주고요. 사촌 누나도 와서 치킨 먹고 가기도 했고요. 친구들에게도 감사해요. 힘들 때가 제 삶이 어떻게 살아왔냐고 느낄 수 있는 때인 거 같아요. 크게 다친 친구가 있으면 연락 한번 해보는 거 힘든거 아니잖아요.

그 친구에게는 크나큰 힘이 될 거예요. 군대에서 휴가 나온 친구가 병원에 찾아온 적이 있어요. 고등학생 때, 선생님 몰래 야자 시간에 영화를 보러 간 적도 있고요, 독서실도 같이 다니고, 학원도 같이 다니던 친구가 있었는데, 정말 고맙더라고요. 그땐 친구들이 온다고 하면 '언제 오나?' 하고 기다렸던 것 같아요, 병실 환자분들과 잘 지냈지만, 이런저런 얘기 하는 게 예전 생각도 나고 좋더라고요.

지금은 친구들도, 지인들도 "네가 아픈 거 같지 않다. 건강해 보인다." 라고 하면, 한편으로는 나 아픈데 라고 해도, 감사하죠. 이런 말 들을 수 있는 만큼 건강 해졌다는 사실임에 틀림없으니까요.

의사 선생님들도 놀란 회복

골반뼈가 괴사될 거라고, 수술하면 후에 걸음도 절을 수도 있다고 했어요. 이 이야기는 부모님께서 애기 안 해주시더라고요. 제가 걱정할까 봐요. 후에 알았어요. 그런 문제가 있었다는 걸요. 골반 수술을 하면, 안에 있는 조직들을 만져야 하니까, 대 수술이 될 거라 하셨죠. 다행히 수술은 안 했지만, 요즘도 운동하다 보면, 뚝뚝해요. 뼈가 뚝뚝하는 게 아니라, 다리가 나갔다 들어가죠. 어떤 건지 생각하면, 팔이 빠져서 오래 있으면 탈골인데, 저는 나갔다가 빨리 들어와요. 마치 쑥 들어갔다 나오는 느낌이요. 골반이 안 좋아서, 운동할 때 가동 범위도 잘 나오지 않아요. 뭐 그전에도 몸이 저질이라 안 좋긴 했지만, 물리치료 받을 때, 도수 치료받으면, 실장님께서

"아이고 저질 아~" 라고 하셨어요. 그래도 실장님 덕분에 무릎 각도도 많이 나왔죠. 자세도 많이 교정되고요. 제가 나쁜 게 아니라. 저도 모르게 껄

렁껄렁 걸어서 제대로 걸으라고 하시고요. 시험에 안 되면 빨리 다른 거 하라고 하셨어요. 현실적이시죠. 어머니가 또 좋으셔서 집에 선물이 들어오면 가져다주기도 하셨어요. 소고기나 식용유, 햄, 또 많은데 기억이 나지 않나 내요. 정말 친해서 오간 선물이죠. 재미난 얘기도 많이 했어요.

지진 났을 때 우리 가족은 황급히 나가서 컨테이너에 들어갔다고요. 실장님은 뭐 하셨어요. 하니까 그냥 있었다고 그러시더라고요.

처음에 실장님이 저를 맡았을 때, 한숨만 나오셨대요. '얘가 말도 없고, 걱정만 하고 무슨 말 하면 웃지도 않고 또 몸 상태는 좀 안 좋나' 라 하셨어요. 후에요. 걸어보라고 하면,

"못 걷겠어요, 무너질 것만 같아요."

라고 했거든요. 요즘 실장님이 절 만나면

"김정찬, 사람 됐네,"라고 하셔요. 몸도 건강해지고, 마음도 어느 정도 건강해져 보였나 봐요. 실장님께 월급 받으면 소고기를 사주기로 했는데, 약속을 아직 못 지켰어요. 하루는 장난식으로, 실장님께서 "언제 사줄 거냐?" 하시니, 제가 "언제 될 지 모르겠어요. 그런데 돈 벌면 꼭 사드릴 게요."라고 했어요. "동기 형, 누나들이 힘들다고 하던데요." 하니까, "어디든 안 힘든 데 없다"고 하셨어요. 팩트를 말하니, 할 말이 없었어요, 그래도 한 가지 꿈 아닌 희망이 있었다면, 즐겁게 하고 싶은 일을 하면서 살고 싶다고 많이 생각했죠.

그래서 고등학교 때 친구들이랑 더 돈독해지는 이유도 있대요, 하고 싶은 게 많을 때, 정체성을 찾아갈 때 같이 한 행동들이 기억에 오래 남는데요. 과학적 결과로 나왔대요. 고등학생들이 담배를 피우고 술 마시는 건 옳지 않

다고 생각하지만, 같이 장난치고 그랬던 기억이 오래가서 좋았어요.

다른 친구들이 '대학 친구는 친구가 아닌 거 같다.' '사람을 가려서 사귀는 거 같아' '고등학교 때 친구들이 진짜 친구지.'라고 하더라고요. 저는 대학 친구들, 고등학교 친구들 다 좋아요. 대학 친구들과는 오래 보지는 않았지만, 마음이 잘 맞았어요.

같이 밤새 이야기하고 어울렸어요. 너무 시끄럽게 굴어서 밑에 집 아저씨가 올라오기도 했어요. 기억나는 추억이 많아요. 맛집을 찾으러 가기도 하고요, 냉면이 정말 맛있는 집에 가서 "와, 죽인다!"고 얘기도 했던 것 같아요. 돌아갈 수만 있다면, 20살 시절의 친구들과 함께 했으면 좋겠다는 생각을 합니다. 병원에 퇴원한지 얼마 안 되어서 친구들을 만나러 갔는데, 피곤해서 못 있겠더라고요. 아쉽지만 "먼저 가겠다."고 하고 왔던 기억이 납니다. 하지만 요즘은 제가 느끼기에도 좋아졌고, 친구들이 느끼기에도 좋아졌다고요.

누구보다 부모님들께서도 좋아졌다고 하시죠. 아버지랑 산책 가서 먼저 집에 도착하려고 경쟁도 하고요. 마라톤도 뛰고 싶어요. 물리치료사 선생님이 경주 벚꽃 마라톤 대회에 가자고 하더라고요. 밤에 벚꽃을 보면서 뛰면 최고래요. 대학교 땐, 이런 마음이 많았어요, 가슴 설레는 생각이요. 사람들에게 피해 안 주는 선에서, 땅바닥에서 팔굽혀 펴기를 하고, 가위바위보 진 사람은 혼자 지하철 타고 오기도 하고요. 펀치 기계로 펀치 쳐서 제일 점수 낮은 사람이 아이스크림 사주기 이런 것도 했어요. 이렇게 병원에 있었을 땐 추억들이 새록새록 떠올랐어요. 이제는 두려움이 많아진 지금이지만, 방금도 전화 통화했어요. 어떻냐고요, 다음 주부터 휴가랍니다. 남들 휴가 끝

날 때라 오히려 더 좋은 것 같아요.

들리는 바는 저번 주 이번 주 정말 더웠고, 오고 가는 길에 얼마나 막히던 지라고 하더라고요. 저는 아직 어린 가 봐요. 어머니 아버지께 우리도 가자 고 했어요. 얼마 전 가족끼리 외식하러 갔을 때 느꼈죠. '아, 이건 아니다! 아! 더워 죽겠네!!' 지금 생각하면 웃겨요. 어머니가 그렇게 아주머니들이 놀러 가서 카페만 찾는다고 한다고 수도 없이 말했지만, 정도를 벗어놓은 더위를 맛보니 혀가 내둘러졌어요.

얼마나 더운지요. 결국 저희는 휴가 때 어디 안 가고 집에서 피서를 즐겼 어요, 아버지는 한자 공부를 했어요. 저는 책도 읽고 운동도 하고, 영어 공부 도 하고요. 에어컨을 틀어 놓고 운동해요. 땀 흘리지 않는 게 운동이냐고 하 시겠지만, 의학적으로 나온 바에 의하면 땀을 흘린다고 운동을 안 하는 것 은 아닙니다. 땀이 많이 흐르면, 몸에서 수분이 빠져나가 살이 빠진 것처럼 보일 수 있지만, 물을 그만큼 먹으면, 다시 원점이 되죠. 그렇다고 땀을 흘리 는 게 효과 없다는 말은 아니어요. 땀을 흘릴 정도로 운동하면 좋죠. 노폐물 도 나가고 몸도 건강해진답니다.

건강할 때 운동해야 된다는 걸 절실히 느꼈어요. 더 큰 시련을 겪지 않은 것에도 감사하고요. 여름에 저녁에 강변을 따라 걸으면, 여성분들이 혼자 빨리 걷는 걸 보는 적이 있더라고요. 몸매 관리 하는 것이겠지만, 건강도 덤 으로 얻잖아요.

다리 경과를 보러 간 지 1년이 넘었습니다. 선생님도 놀라실 거예요. 1년 전에도 놀라셨는데, 지금은 만류했던 행동을 하고 있으니 말이죠. 뛰지 말고 등산 가지 말라고 하셨어요. 제 다리를 보고 '다친 다리가 부었나?' 라고 생각하셨대요. 알고 보니, 다친 다리에 집중 운동을 해서 그런 거예요. 한마디로 말하면, 한쪽 다리가 더 커졌다는 소리예요. 지금 다시 봐도 그렇네요. 3년간 다리가 시큰 거릴 때도 빠져버릴 것만 같기도, 흔들거릴 때도 있었어요. 지금 말할 수 있어요. "다리야 그동안 힘들었지 못난 주인 만나서 미안해." 라고요.

저는 누가 아프면 비아냥거리지 않습니다. 누구보다 힘든 상황이란 걸 잘 알기 때문이죠. 다시 한 번 느끼지만, 가족에게 감사해요. 흉터를 가진 모두에게 존경을 보냅니다.

힘이 되는 책도 많고 노래도 많습니다. 술 담배를 줄이고 도서관에 가 보길 추천해요. 얼마 전에 독서 토론을 했는데, 좋은 에너지를 받고 돌아왔어요. '서로 어떻게 지냈고, 어떤 생각을 하고 있고, 이 책에서 이런 점이 와 닿았고, 앞으로 배워야 할 점도 있고, 제 삶에 적용해보려는 중입니다' 라고요. 첫 책이 '나는 누구인가' 라는 책이었는데, 인문학 책이었어요. 돌아가고 있는 세상에서 온전히 나에 집중하자는 얘기를 내비치는 책이었어요. 저는 어떤 점이 와 닿았냐면, 'SNS에 얽매인 삶을 살아간다'는 말이 참 와 닿았어요. SNS로 소통을 더 많이 할 수 있다는 것 좋지만, 병폐들도 있지요.

저는 요즘 필요한 정보만 보고 많이 보지 않으려고 노력해요. 그러면 힘들더라고요. 왜 이렇게 잘난 사람이 많은지, 몇 억짜리 외제 차 타고 다고,

쳐다도 못 보던 옷이며, 집이며 부럽더라고요.

　SNS를 하는 주위 사람들보면, 휴대전화기가 뚫어지듯이 쳐다보죠. 그 기세로 공부했으면 하버드대 갈 수 있을 정도로 열심이죠. SNS를 보면 연예인들도 하는 모습을 종종 보고 하는데, 공인으로서 부적절한 행동을 하는 사람도 많더라고요. 거기에 또 댓글로 얼마나 싸우는지요, 한 그룹은

"공인이 그러면 되나, 머리에 든 거 없네"

"남의 일이니 상관 끄소."

라고 다른 그룹이 얘기하죠. 두 그룹다 SNS 하면서 댓글들 일일이 읽고 있던 거 아닐까요?

　생각해보니 이런 걸 알고 있는 저도, SNS의 병폐 속에 살고 있네요. 제가 하고 싶은 말은, 남들이 더 좋은 집에 살수도 있고, 더 좋은 차를 탈 수도 있고, 더 좋은 음식을 먹을 수도 있는데, 똑같은 일상을 원하는 사람이 있고, 저도 의사 선생님들이 놀랐듯이, 좋은 기적이 있길 바라고, 자신이 좋아하는 일을 빨리 찾아 증진하다 보면 좋은 일이 생기지 않을까 합니다.

살아보겠다는 용기

죽고 싶다는 생각을 많이 했어요. 하루하루 잠들기 전에, 편안하게 잠들게 해달라고 했어요. 어느 정도 괜찮아졌을 때, 말했어요. 죽고 싶다고요. 아버지가 울면서 하신 말씀이, 그냥 아무것도 하지 말고 "아버지와 살자"고 하셨어요. 아버지의 심정이 와 닿았어요. 그래서 '죽고 싶다'는 말은 다시는 하지 않으리라 마음먹었어요. 장난으로라도요, 말이 씨가 된다고, 부정적인 감정이 계속되면, 저도 모르게 행동도 부정적이게 되더라고요.

저는 '긍정적이네!' 라고 말을 많이 들었어요. 저 자신이 강한 게 아니라 환경이 좋았어요. 저희 동네가 아늑했거든요. 개발되기 전에는 산으로 둘러싸여 있어 등산도 다녀오고 했어요. 일종의 마실이죠. 어린 마음에 '우리도 땅 좀 사자'고 웃으면서 말했는데, 개발될 때 땅 주인들은 돈 많이 벌었대요. 건물도 지었죠. 고등학교 친구가, "우리 동네에 논 있어."라고 하면, "촌이네!"

라는 소리를 들었대요. 어릴 때 그런 기억 있죠. 아파트마다 자기들끼리 뭉치는 거요. 다른 아파트에 놀러 가면, 놀러 오지 말라고 했던 기억도 나네요. 다른 아파트 친구들과 축구 내기도 하고요. 요즘 아이들은 밖에서 안 놀더라고요. 놀아도 별로 뛰어다니지 않고요. 저희 때는 넘어지고 다치고 멍들고, 까지고 긁히고 많이 다쳤죠. 놀다가 집에 와서 물을 받아놓고 목욕하면, 따갑고, 아프죠. 적어도 제 또래보다 위이신 분들은 공감 하실 거예요. 저는 조심스러웠는데도, 자전거 타다가 넘어져서 팔이 쓸린 적도 있어요. 얼마나 아프던지. 딱지가 생기면 살살 떼기도 하고요. 그러면 흉터도 남아요. 동네에서 아는 동생이 부메랑을 던졌는데, 정확히 제 귀에 맞아서 울었던 기억도 나네요. 요즘 아이들은 그러진 않는 거 같아요. 어른들이 말하기를 예전이 더 재밌었다고 하는데, 요즘에야 이해가 가네요.

옆집 아저씨랑 맛있는 저녁도 같이 먹고요. 친한 동네 주민들끼리 야유회도 가고, 가족 모임을 하면, 형, 누나들이랑 밤새워 놀기도 하고요, 요즘 아이들은 말뚝박기 하나 모르겠어요. 저희는 어른들이 허리 다친다고 하지 말라고 해도, 몰래 했었던 기억이 나요. 달려가서 빡 뛰어서 떨어져서 상대편을 넘어뜨리면 그 쾌감은 말로 표현 안 되죠. 저는 살이 많이 없어서 사뿐하다고 했는데, 덩치 있는 친구들은, 힘이 좋으니까 한꺼번에 두 명씩 넘어뜨리기도 했죠. 계속 이기고 싶어서, 덩치가 큰 친구들 옆에 붙어서 "나 뽑아줘. 나 뽑아줘." 귓속말을 하기도 했습니다, 어떨 땐 반대로 되기도 하죠. 체육 시간에 농구할 때면, 덩치가 있는 친구들보다 몸이 빠른 친구들과 팀이되고 싶은 그런 마음을 늘 가지고 있죠. 요즘은, 제가 못하면, "에이~ 한 번만 봐줘."라고 하고 친구들이 못하면 격려를 해주는 편이에요.

마음의 여유가 조금씩 생기는 것 같아요. 형님들이 장난을 쳐도 "에이~ 형 죄송해요." 라고요. 남자는 유들유들하고 능글능글하기도 해야 한다고 하는데, 저는 성격상 잘 안 되긴 해요. 그래도 마음의 여유가 생기니, 확실히 회복되어가는 것 같아요. 각박한 현실 속에서 여유를 가지기란 참 힘듭니다, 회사 생활해야지, 회식 해야지, 가족 행사 챙겨야지, 육아도 해야 되지 하고요.

그래서 요즘엔 혼자 사는 사람들이 늘었다고 하더라고요, 혼자 하고 싶은 거 하면서요. 현실이 정말 힘들면 고려해봐야겠지만, 함께 하는 사람이 있다는 게 더 멋진 것 같습니다. 아침밥을 같이 먹을 수 있다는 것, 같이 영화도 보러 갈 수도 있다는 것 행복한 일 아닌가요? 아버지가 오늘은 미용을 하러 갑니다. 눈썹을 그리는 건가? 확실히 모르겠는데, 아버지가 잘되면 저도 하려고요. 하하. 아버지가 하신 말씀이, 같이 해야지 하는데, 전 외모에 관심 많아서, "아버지 하시고 나서서 괜찮으면 할게요." 라고 했습니다. 저도 눈썹이 진하면 멋있어질까요? 눈썹은 타고 나는 거로 생각했는데, 요즘 안되는 게 없나 봐요, 가족끼리 실없는 소리 할 수 있다는 자체가 행복입니다, 저도 함께하는 삶에서 용기를 얻었듯이, 앞으로도 함께 하는 삶을 살아갔으면 합니다. 조언을 잔소리라고 듣지 말고, 한 번 해보는 겁니다. 한번 해보고 안 된다고 화내지 말고요.

뭐든 효과를 보려면 3개월이 걸린다고 하잖아요. 저도 산책을 한 지 조금 되었는데 2개월이 지나니까, 몸에 변화가 생기더라고요. 개운하고요, 기분도 좋아지고요. 아침 햇살 맞으면서 사진 한 장 찍고요, 하루를 시작하면 기분이 좋습니다, 살아보겠다는 용기가 있으니, 노력하는 거겠죠.

산책이 재밌다는 걸 깨달은 지는 얼마 안 되었어요. 처음엔 지겨웠는데 주위 풍경을 보며 걸으면 생각도 정리가 됩니다. 하루는 백로가 개구리를 잡아먹는 걸 본적이 있습니다. 조금 집었다가, 놓았다가, 조금 집었다가, 놓았다가, 힘을 다 빼게 하고 잡아먹더라고요. 처음 봤어요. '동물의 왕국'에서나 볼법했던 걸 눈으로 직접 보았죠. 개구리가 살아보겠다고 미친 듯이 발버둥치더라고요.

중학교 때, 체육부장을 한 적이 있어요. 체육 시간이 있는 날에는 울곤 했어요. 지나서 생각해보니 추억이 되었네요. 아버지가 말씀하셨어요.

"준비가 철저하면, 두려운 게 줄어들 거야."

아버지는 미리 일을 다 해놓으시거든요. 아버지를 닮아가려고 노력하고 있어요.

용기가 있는 남자가 미인을 얻는다는 말이 있죠. 저는 생각도 많고 두려움도 많아서, 타이밍을 놓쳐요. 후회하는 건 딱 하나입니다. 나를 싫어할 수도 있다는 생각 때문에 용기를 잃었다는 거요. 대학을 갈 때도, 직업을 가질 때도, 결혼을 할 때도, 선택하는 방법이 많은데, 용기가 필요하죠. 직업을 가질 때, 고려를 많이 해봐야 될 거 같습니다. '내가 이 일을 하면 정말 행복할까?' 라고요. 자신이 하는 일을 가슴이 뛸 정도로 가슴에서 뭔가 끓어 오른다면 남은 인생의 질이 확 달라지죠. 한 번씩 친구들이나, 지인들에게 물어보곤 해요. "일은 할 만해?" 라고요. 그러면 대부분이, "그냥 하는 거지 뭐." "돈 주니까 하는 거지 뭐."라고 하더라고요. 참 슬픈 거 같아요. 자신이 몸담고

일하는 직장이 좋으면 얼마나 좋을까요. 하루에 절반 이상을 직장에서 몸담은 경우가 대부분인데요.

어른들 말이 틀린 말은 아니더라고요. "경험도 많이 해보고, 공부도 열심히 놀고, 열심히 공부하라"고요. 선택의 폭이 넓어지고 자신이 잘하는 것, 좋아하는 것을 한층 더 잘 찾을 수 있다고요. 후회하기 보다 아쉬웠던 적이 있습니다. 정말 하고 싶었던 걸! 힘들어도 버틸 수 있는! 하고 싶은 걸 할 수 있는! 멋진 꿈을 꾸고 가슴이 뛰는 그런 일 말이죠. 요즘 글을 쓰면서 설레는 것 같아요. 아직 실력도 형편없고, 두서없이 말을 적지만, 저 자신에게 아주 조금은 위로가 되더라고요. 아는 분이 그러시더라고요. 힘들 땐 자기가 좋아하는 취미를 하나 찾으라고요. 활력을 얻을 수 있는 그런 일 말이죠. 기분이 좋아지는 그런 일 말이죠.

골똘히 생각했던 것 같아요. 뭐가 하고 싶은지요. 마냥 돈만 많이 벌고 싶다는 생각 밖에 안 들더라고요. 어떻게 어떤 식으로 내가 행복할 수 있는지는 생각하지 않고, 그저 돈만 많이 벌면 행복할 거라고 생각했어요. 하지만 돈이 많다고 행복한 것은 아니죠. 저는 돈이 많은 적이 없어 이해는 안 되지만, 분명 그럴 거예요. 행복을 갈망하다 보면, 더욱더 큰 기쁨을 갈망하죠.

부자라고 해서 부럽지 않아요. 그저 돈만 보고 다가오는 사람들이 의미가 있을까요? 돈이 없어져도 옆에 있어 줄까요? 사람의 진정한 마음은 돈으로 살 수 없어요. 누군가 힘들 때 진심으로 도와주고 격려해주는 사람이 있는 것보다 좋은 일이 있을까요? 전 없다고 봅니다. 하루 온종일 힘들어 하는 나에게 힘을 준다면 나도 모르는 무언가 마음이 따뜻해짐이 있죠. 따뜻한 이야기를 읽었는데요. 외국인이 우리나라에 와서, 놀랐던 적이 있다고 하더라고요.

'소와 걸어가는 노인이 있었는데, 소도 짐을 짊어지고 가고 있고, 노인도, 짐을 짊어진 채 빗속을 걸어가고 있었다고 해요. 외국인이 물었대요. 소에 짐을 다 짊어지게 하고 걸어가면 안 되냐고요. 그러자 노인이 한 말은 소도 힘들지 않겠냐고, 저도 일을 했고, 소도 힘든 일을 했으니, 나눠 짊어져야 하지 않냐고요. 그래서 소가 주인을 더 잘 알아보나 봐요.'

정이 참 많았었는데 요즘에는 많이 사라진 것 같아 아쉽습니다. 저희도 이사를 오고 몇 달 동안, 옆집 아저씨 얼굴도 몰랐어요. 요즘은 인사도 하고 안부도 묻고 합니다. 정을 주다가 상대가 이익만 챙긴다면, 상실감이 더 크다고요. 그러면 다음부터는 정을 안 주면 되죠. 그래도 이 사람아 좋아서, 내가 호의를 베풀었다고 생각하면 덜 힘들더라고요.

앞으로 정을 베풀며 살아야겠습니다. 남을 도와주고 이끄는 용기도 함께 가지며 말이죠.

제5장
결코 놓지 않을 나의 꿈, 나의 인생

공무원 시험의 합격

　저는 공무원 시험을 준비하게 될 줄 몰랐어요. 이런 상황에서는 더욱 그래요. 가족끼리 피자를 먹으러 가서 진솔한 얘기가 오갔습니다. 어머니께서는 대학에 다시 가는 게 어떻겠느냐고 하셨어요. 아직 나이도 그렇게 많은 것도 아니라고 하셨어요. 경험해 볼 것도 많다고 하셨고요. 그래서 '학교에 다시 가야 하나?' 라고 생각했는데, 아버지께서 그러시더라고요. 공무원을 한번 준비해보는 게 어떻겠느냐고요. 장애인이라 혜택이 있다고요. 아버지도 공직생활을 하고 계시거든요. 30년 가까이 하셨죠. 행정의 달인이라고 하셔요. 기획하고, 집행하고요. 아버지가 제가 어렸을 때 양복을 입고 출근하면 멋지고 그랬거든요. '어떻게 해야 하나?' 대학을 다시 가고 싶었어요. 하지만 몸이 아직 불편하고 돈도 생각하게 되고 수능 공부도 생각했어요.

고등학교 성적이 2등급 후반대에서 3등급 초반대여서 원하는 대학 가기는 힘들었고, 울산에 있는 대학을 가려고 생각도 했어요.

아버지가 하시는 말씀이 와 닿았죠. 졸업해도 할 일이 정해져 있지 않다고 하시더라고요. 한번 해보자고 마음먹었죠. 아버지 친구분의 형이 공무원 시험에 합격해서 조언을 구하기 위해 자리를 마련했죠. 형의 공부 방법을 물으니 학원에 다녔다고 하더라고요. 서울에서 학원에 다니고, 울산에서도 스파르타식으로 짜인 학원에 다녔다고요. 아저씨도 아들에게 관심이 많으셔서 책보고 추천도 해주시고 하셨대요. 형은 아저씨와 서로 마찰이 생길 수도 있으니, 학원에서 늦게 왔대요. 학원에서 새벽이 돼야 집에 도착했대요. 피곤함에 지친 몸을 잠자리에 들어 다음 날 일어나서 또 학원으로 가고 했대요. 인내의 연속이었다고 했어요.

공부는 엉덩이로 한다는 말이 있잖아요. '12시간 앉아 있으면, 합격하고 9시간 앉아 있으면 불합격한다'는 말이요. 친구도 경찰 시험을 준비하는데 친구 어머님, 아주머니를 운동가다가, 아르바이트하는 곳에서 만나곤 했는데, 며칠 전 친구 안부를 물었죠. 그랬더니 아주머니께서 시험이 얼마 남지 않아서 가족이 친구를 보러 올라갔대요.

아들이지만 안쓰러웠다고요. 친구도 저한테 그랬어요. 태어나서 이렇게 열심히 공부했던 적이 있나 싶을 정도래요. 매일 새벽 5시 30분에 학원에 가서 아침부터 공부를 한대요. 매일 사 먹는 것도 고민이라고 하고요. 유혹도 많대요. 잠의 유혹도 많고요. 무엇보다 놀고 싶대요. 공무원 시험 공부를 하러 와서 정말 술 먹는 사람, 연애하는 사람도 많고요. 심지어 놀러 다니는 사람도 많다고 하더라고요. 처음에 깜짝 놀란 게 시험을 치는데 0점이 수두룩

빽빽 하다는 거예요. 수험생이 정말 많지만, 제대로 공부하는 사람은 많지 않다는 걸 느꼈대요. 그래서 '할 수 있겠다.' '잘 하면 나도 붙을 수 있겠다' 싶었대요.

저도 힘들었어요. 23살 가을쯤에 공부를 시작했어요. 그 전에는, 운동하고 물리치료를 받으러 다녔어요. 도저히 공부할 상황이 아니었어요. 잠도 14시간에서 15시간 잤어요. 아무리 자도 피곤하더라고요. 부모님과 같이 있는 게 싫었어요. 두 분이 백화점에 가시길 바랐죠. 누워있고 싶어서요. 누웠지만 잠은 안 와요, 밤에도 정말 많이 자니까요. 누워서 오만 걱정은 다 했던 것 같아요. 평생 환상통이 오면 어쩌지, 다리가 흔들거리면 어쩌지, 등등 걱정이요.

어쩌다가 친구들과 만나도 그 상황을 즐기지 못하고 걱정에 파묻혀 있었어요. 요즘은 친구들과 지인들이 말해요. "얼굴 좋아 보인다." 라고요. 오히려 저에게 조언을 구하기도 하죠. 지나고 나면 웃을 수 있는데, 혼자가 될까봐 두려웠어요. 잡을 수 없는 꿈들이 떠다녔죠.

도수치료사 실장님은, 그냥 학원에 다니라고, 해보고 2년 안 되면 그만두라고 하셨는데, 저는 제가 판단하기에 그럴 여유가 없었어요. 의지로 되는 게 있고 안 되는 게 있잖아요. 제 상황이 그랬어요. 머리로는 할 수 있다고 생각하는데, 몸이 따라 주지 않았죠. 다리가 안 구부려지는 것 처럼요. 하지만 의지가 강하면 확실히 더 잘 이겨낼 수 있다고 믿었어요.

공무원 공부를 하며 희망에 가득 찬 날보다 힘든 날이 많았어요. 어려운

국어를 공부하면서 문법에서 한번 스트레스 받고, 사자성어, 한문에서 두 번 스트레스 받았어요. 신기하게도 수험생들이 제일 싫어하던 영어는 재미있었어요. 친구들이 이상하다고 말하더라고요. 그러고 보니 집에 영어책이 제일 많네요. 고등학교 때 영어 한 우물만 파서 영어 강사를 했으면 어떨까 하고 가끔 생각해요. 공부할 때 영어가 재밌었다고 하니 이해하지 못하기도 하죠. 수험생들이 영어만 아니면 합격할 수 있는데, 영어가 발목 잡는다고요. 저는 문법, 단어가 잡히니 구조가 조금씩 보이더라고요. 문법이 기초잖아요. 중학교, 고등학교 때 문법을 왜 공부하는지 몰랐는데 공부를 하고 보니 좋더라고요. 교재 선택도 중요하죠. 저는 운이 좋게 교재를 잘 선택해서 공부하는 내내 좋았어요.

책을 많이 바꾸면 장수생이 되기 쉬워요. 아버지는 가장 많이 보는 책, 적당한 두께의 책을 사서 웬만한 경우가 아니면, 다른 책으로 바꾸지 말라고 하셨죠. 아버지도 사무관 되실 때 시험을 쳤기 때문에 시험에 관해서는 확고한 신념을 가지시고 계셨죠. 공부하실 때는 새벽 4시에 일어나셔서 공부하셨어요. 공부할 때는 규칙적인 생활이 매우 중요합니다.

공부가 오늘 잘된다고, 밤을 새워보면 다음 날 해롱해롱하죠. 시간 대비 효율이 낮죠. 도서관을 가보면 이 사람도 공무원 공부, 저 사람도 공무원 공부, 하고 있었죠. 아직도, 도서관에 가면 많은 분이 수험생이죠. 친구가 공무원 시험 공부를 하면 밥이라도 한번 사주고 싶어요. 어떤 한 분은 길을 걸어가면서 책을 보시더라고요. 그리고 공무원 시험 공부하는 카페에 가보면 힘들어하는 사람도 정말 많았어요.

그럴 때면 힘을 얻곤 했죠. '나보다 훨씬 열악한 환경 속에서도 노력하는 사람이 많구나'라고요. 아버지가 때린다거나, 허리가 안 좋아 8시간을 서서 공부하던 분도 계셨고요. 시험에 떨어지면, 패배자라고 생각하는데, 이번엔 확실히 말할 수 있습니다. 절대 아닙니다! 열심히 하던 조금 고삐가 풀리던 자신의 청춘을 건다는 건 박수 받아야 할 정도로 대단한 겁니다! 힘내십시오!

물론 부모님을 속이고 놀러 다니는 건 벌 받을 거예요. 무한도전에서 유재석이 두 명의 경찰 수험생 경시생 두 분과 얘기를 한 적이 있어요. 한 분은 서른 초반이고 공부를 한 지 꽤 되었다고 하더라고요. 주위에서 같이 공부했던 수험생들이 하나둘씩 합격해서 노량진을 벗어날 때 기운이 빠지죠. 기약이 없는 시험이죠. 합격과 불합격으로 단정 짓는다는 것 경쟁 사회에서 필요하지만, 한편으로 저도 느꼈지만, 가혹하다고 느꼈어요. 저도 합격하지 못했다면 또 공부하는 것도 아니고 안 하는 것도 아닌 삶을 살고 있었겠죠. 5년 정도 하면 건강도 많이 악화되었죠. 독서실 건물주인 아주머니가, 얘기하셨는데, 처음엔 아주 곱상하게 살아온 청년이었는데, 몇 년이 지났는데 아저씨가 되었다고요. 그럴 수밖에요, 하루 적어도 8시간을 앉아 있어야 되고, 라면, 김밥으로 끼니 때우는 거는 예사고요.
공부하면서 독서실 총무로 아르바이트하며 공부하는 사람도 있더라고요. 책값 벌려고요. 책값도 만만치 않거든요. 기본서, 기출문제 집, 모의고사 집, 파이널, 요약집, 필기노트 등등. 저도 20권은 샀던 것 같아요. 그 책들을 저희 아파트에 사는 뇌 병변 형님께 가져다줬어요.

지금 질병 휴직으로 쉬고 있지만, 돌아가서도 일 처리를 못한다면, 그때는 그만 두어야죠. 혹시 일하는 게 힘드시다면 저를 생각해주세요. 일할 여건이 됐지만, 못할 수 있는 저를요.

제가 한 가지 바라는 건 이거에요. 운동 꼭 하기! 잠 잘 자기! 이 두 가지에요.

아프면 아무것도 안 되잖아요, 독감에 걸리고 공부할 수 있나요? "나 했어,"라고 하면 할 말이 없지만, 아프면 아무것도 못합니다. 100세 시대인데 건강하게 지내야죠, 응원하겠습니다! 정말로요! 아주 많이요!

어학공부

어렸을 때부터 영어가 좋았습니다. 중학교 3학년 때죠, 처음 생긴 영어학원에 들어가게 되었죠. 그때 만난 남자 선생님이 열심히 하려고 했던 티가 났던지 저를 눈여겨 봐주셨어요. 기억나는 친구가 한 명 있어요. 같이 공부도 하고 피시방도 가곤 했어요. 학원가기 전에는 짬을 내서 피시방에 가곤 했죠. 물론 숙제는 꼬박꼬박해갔어요. 그게 장점이면서 단점이었어요. 보통 친구들과 약속을 해도 항상 먼저 가 있죠. 늦은 적이 별로 없어요. '야, 어디서 만나자'라고 하면, 그 시간이 되기 전부터 시계를 보죠. 째깍째깍 흘러가는 시간을 보며, '언제 나가지?'라고 생각했어요. 운동 약속을 하면 꼭 먼저 나가 있었죠. 다른 사람 경기를 보며 기다리기도 했어요. 꼭 보면, 경기가 시작되고 나서야 오는 친구들도 있었어요. 그런 친구들에게 뭐라고 하진 않았지만, '왜 일찍 안 오지?'라고 했어요. 약속인데.

얼마 전 트레이너 대표님께서 약속을 말없이 안 지킨 사람이 있어서 화를 내더라고요. 약속을 안 지킨다고요. 생각해보니 화가 날 법도 하더라고요.

내가 계획한 것도 있고, 그 시간에 약속이 있는 걸 따로 시간을 만든 건데, 약속을 안 지키니 화가 날 수 있다고 생각해요. 저는 무덤덤하게 다음부터 빨리 오라고 했지만, 여자아이들은 시간약속 때문에 싸우더라고요. '너 몇 분 늦었지?'라고요. 무서워요. 그렇게 중요한 약속이 아니면, 조금 늦을 수도 있는데 말이죠. 화를 내는 거 안 좋잖아요. 화를 참는 것도 안 좋지만, 화도 나지 않고, 화를 참지도 화가 나지도 않은 것만큼 좋은 일이 있다면 더할 나위 없이 좋죠.

화를 잘 내지 않은 친구가 있어요. 그렇다고 화를 참지도 않는 것 같고요. 그 친구에게 많은 좋은 점을 배웠어요. 부모님을 공경하고 형과 싸우지 않는 거요. 친구들과 문제도 생기지 않고요. 공부도 잘했어요. 저는 부모님을 공경하려고 합니다.

어머니를 생각하면 눈물이 맺힙니다. 어머니를 위해 쓰시는 돈이 별로 없어요. 어머니는 비싼 옷 하나 없고요, 몸이 아파도 경락 마사지하라니까, 돈 아깝다고 안 하시는 분이셔요. 오늘 제가 어머니께 뭐 가지고 싶냐고 하니까 목걸이 하나 가지고 싶다고 하시더라고요. 꼭 하나 사드려야겠어요. 가족끼리 저녁을 먹고, 카페에 가서 빙수를 먹으면서 배꼽 빠지도록 웃었네요, 아버지가 하모니카를 배우시는데, 입술을 쭉 내밀고 흉내를 내는 거라고 하더라구요. 제가 "맛있다"고 하니, 저보고 "너한테 맛없는 게 있었냐?"라고 누나가 말했죠. 아버지 혼자 사진을 찍으며 '김치' 하면서 찍는 모습 보고 얼마나 웃었던지요, 근래 이렇게 웃었나 싶어요. 엔도르핀이 생기는 느낌이었어요. 오늘도 누나 데리러 가기로 했는데 정확히 시간보다 훨씬 일찍 도

착했죠. 저는 왜 이렇게 시간을 잘 지키려 하는지 몰라요,

 학교와 학원에 다니면서 지각했던 적은 손에 꼽혔던 거 같아요. 학원에도 미리 도착하죠. 숙제도 꼬박꼬박하니, 선생님도 절 아끼셨고요. 제가 조금 못하면 용서를 하셨죠. 같이 다니던 친구들과 사이도 좋아서 더 재미있었던 거 같아요. 동네 친구들이어서 한 번씩 지나가다 만나기도 해요. 분위기가 좋으면 저는 더 힘이 나요. 후에 상담 받을 때 선생님께서, 저는 서로 힘이 되는 말을 주고받으면 훨씬 좋다고 하더라고요. 그래서인지 영어공부를 좋아했어요. 중학교 여름방학 때, 단어를 매일 15개씩 외웠었는데 효과가 크더라고요. 고등학교 1학년 수준까지의 단어를 공부하니, 중학생 땐 단어를 얼추 끼워 맞춰서 어려운 문제도 정답을 잘 맞히고 했죠. 영어에서는 어휘가 정말 중요해요.

 요즘도 영어공부를 하고 있어요. 그냥 하고 싶어서요. 그렇게 막 열심히 하진 않는데, 영어를 하면 조금은 기분이 좋아지는 느낌이에요, 왜 그런지 곰곰이 생각해보니 대학 시절 한달간 갔던 캐나다 어학연수가 큰 영향력을 미치게 된 것 같아요. 학교에서 보내줬었는데 비행기를 타고 9시간에서 10시간정도 간 거 같아요. 밴쿠버에서의 첫 느낌은 정말 좋았어요. 날씨며 분위기며 잊지를 못하겠어요. 5년이 지난 지금도요.

 처음 도착한 캐나다에서 홈스테이하기로 돼 있었는데 거기서 만난 아주머니는 마음이 푸근했어요. 아저씨는 엄청 컸어요. 3명의 아이들도 있었어요. 함께 홈스테이 하는 일본인 친구도 있었고요.

 남자아이들 3명이라 얼마나 힘이 넘쳐요. 목마를 얼마나 많이 태워줬는

지, 나중엔 힘이 빠지더라고요. 아직도 캐나다에 같이 갔던 형 누나들과 가끔 연락하곤 해요. 얼마 전 형을 만났는데요. 맛있는 양고기도 사주시며 걱정하지 말라고 하셨어요.

형이랑 저는 잘 맞아서, 같이 붙어 다녔죠. 기억이 생생해요. 로키산맥을 맨발로 걷기도 하고요. 술을 마시면서 밤새 이야기를 나누기도 했어요.

처음엔 영어가 안돼서 몸짓 발짓을 했어요. 하지만 점점 몸짓 횟수가 현저히 줄었고요, 조금씩 영어가 되더라고요. 그때의 재미가 아직 남아 있는 것 같아요. 캐나다에서 처음 음식을 영어로 시켰던 때, 처음으로 길을 물었을 때, 외국인 친구들과 서로 몸짓 발짓 써가면서 지냈던 일이 기억납니다. 추억에 잠기네요. 우리나라와는 상상도 하지 못할 정도의 크고 많은 공원, 여유로웠던 캐나다의 사람들, 친구의 엄마를 따라 축구 경기를 보러 갔을 때, 경마장에 가서 봉사활동 했을 때, 캠핑을 가족과 갔던 때 다 기억이 나요.

자주 갔던 해변도 마음 한구석에 좋은 기억으로 남아있네요. 일과가 끝나고 모여서 해변에서 수영하고 맛있는 음식 먹어가면서요. 해변 근처에 한국인 가족이 운영하는 마트에서 밥과 김치를 사서 바닷가에서 먹기도 했습니다. 꿀맛이었죠. 실컷 물놀이하고 놀다 먹는 밥이 꿀맛인 것처럼요.

금요일에는 체육 수업이 있었는데, 서핑도 했어요. 잘못 타서 흉내만 냈죠. 수영장에 가서 안경을 잃어버렸다가, 다시 찾은 적도 있었고요. 꼭 한번 기회가 된다면 다시 가보고 싶어요. 우리나라, 버스, 빠르죠. 캐나다를 다녀오면 무슨 놀이기구 타는 것 같아요. 놀이기구는 재미있기라 하지. 처음에 한국에 도착해서 느낀 게 이렇게 빨리 달리다가 '사고 나면 어찌지?'였어요.

느린 게 나쁜 것만은 아니라고 느꼈죠. 누군가에게 좋은 기억이 긍정적인 에너지가 될 수 있었던 것처럼 저에게도 선명하게 기억나는 곳입니다. 한 친구가 필리핀에 갔어요. 다른 친구들은 가지 말라고 했는데, 저는 가라고 했어요. 폭이 넓어지거든요. 좋은 걸 보고 좋은 소리를 듣고, 좋은 사람을 만나고 하면 한층 성장하는 것 같아요. 어제 제가 거기 어떠냐고 물어보니 너무 좋다고 합니다. 제 안에서도 마음이 끓어오르는 게 느껴졌어요.

감수성이 깊어지는 하루네요. 밤에 눈물이 많은 여자아이처럼 슬프진 않지만, 기분 좋은 설렘 있잖아요. 과연 걱정 많고, 주저 많은 제가 새로운 시도를 할 수 있을지는 모르겠지만, 조그만 일에도 가슴이 살아 움직이는 마음을 가지길 바라고 있습니다. 꾸준히 노력하면 제 마음도 말랑말랑해지길 바랍니다. 한동안 눈물이 어떤 느낌인지 몰랐습니다. 슬퍼하지 않는 게 슬프다는 걸 깨달았죠.

영화 '악마는 프라다를 입는다'를 보면서 영어공부를 하고 있는데 4번 정도 봤어요. 똑같은 영화를요. 처음에는 아무 느낌 없다가, 두 번째 볼 때는 감상평을 조금 읽어보기도 했고, 영화에 더 몰입하고 놓쳤던 부분이 보이기 시작하면서, 깊은 속뜻을 알기도 했습니다. 영어공부를 한다고 영화를 봤지만, 더 좋은 효과를 얻게 된 셈이죠.

영어 공부를 통해 얻었던 게 많아요. 저에게 많은 도움을 주었던 영어공부를 앞으로도 꾸준히 할 겁니다. 조금씩이라도요. 가랑비에 옷 젖듯 언젠가 크나큰 변화가 일어나길 바랍니다.

누군가에게 꿈과 희망을

　병원에 있었을 때 아는 형님의 추천으로 '세바시'라는 프로그램을 봤어요. 다들 역경을 이겨내신 분들이더라고요. 교통사고로 크게 다쳤는데 회복돼서 필라테스 강사가 된 심으뜸 선수, 화상을 입어 목소리도 잘 나오지 않으시는 분, 어렸을 때 가정환경이 좋지 않은 곳에서, 혼자 힘으로 강사가 된 김창옥 교수, 정신 건강 의학과 교수님들, MBC 방송국 PD님까지요, 많은 좋은 이야기를 하더라고요.

　특히 김창옥 교수님의 강의가 와닿았어요. "감정 근육을 키워라", 좋은 말이죠. 김창옥 강사님은 허리 디스크 판정을 받았대요. 디스크는 완치가 안 된대요. 그래서 주변 근육을 단련해야 한대요. 그래서 운동을 하셨대요, 퍼

스널 트레이너가 말했대요.

"회원님~ 이렇게 하셔야죠, 이렇게, 자 하나 더 할 수 있습니다."

"못 하겠습니다."

"버티세요."

"아악."

"좋아요, 그럼 두 개만 더해요."

결국 두 개를 더하고 휴식을 취하는데 트레이너분이 그러셨대요.

"교수님, 저는 힘을 실지 않았습니다. 그저 힘을 주는 시늉만 했을 뿐이 죠."

그때 느꼈대요. 힘들 때는 앞이 보이지 않는대요. 어떻게 헤쳐나가야 할까 앞이 보이지 않죠. 저도 그런 적이 있어요. 근육으로 허리를 잡아주듯 감정도 근육을 단련해야 해요. 공감해주고 도와주는 사람들에게요. "어떤 친구가 좋냐?"고 질문했더니 답변해주시더라고요. "내 짐을 덜어줄 수 있는 사람"이라고요. 한 번에 도와주는 사람 말고요. 근육이 천천히 몸에 생기듯 조금씩 공감해주고 도와주는 그런 사람 말이죠.

제게도 그런 친구가 있습니다. 나이가 같아야 친구가 아니라 조그만 말로도 도와줄 수 있고, 나도 도움 받을 수 있는 존재가 친구인 거죠.

육체노동만큼 감정노동도 많다고 해요. 감정을 많이 쓰면 나도 모르게 탈이 날 수도 있다고 합니다. 감정의 근육을 단련하며 제 몸을 돌보는 사람은 한층 자신감이 넘치죠. 저는 저에게 험한 말을 속으로 했나 봅니다. 남에게 위로를 받고 싶어 했죠.

제 마음의 근육을 키워야 되겠다는 생각이 많이 들더라고요. 디스크가 생기듯이 감정에도 시련이 올 수 있다고 합니다. 일을 하다가 감정노동으로 지친 분들이 많으실 거예요. 다른 사람의 감정에 귀 기울이기보다 우선 자기 몸에 집중해야 합니다. 육체노동을 해도 건강해야 일할 수 있듯이, 감정 근육을 잘 발달시킨 사람이 한층 나은 삶을 살 수 있다고 해요. 마지막에 한 말씀이 기억나요. "감정 근육을 돌보시길 바란다." 고요. 한동안 김창옥 선생님의 이야기를 잊고 있었습니다, 주위에 친구가 없다고 자책하지 말고 나도 친구가 될 수 있는 존재임에 분명하니, 꼭 서로의 감정 근육을 강하게 만들 수 있었으면 합니다.

누가 저에게 말했어요. 공감을 잘한다고요. 그것도, 하나의 방법이래요, 상대방의 말을 들어주는 거요. 들어주는 것만 해도 상대방이 어느 정도 치유가 된다고 합니다. 제가 그랬거든요, 친한 친구에게 종일 힘든 점을 말하라고 하면 할 수 있을 정도로 하고 싶은 말이 많았고, 힘든 점, 환상통, 신경 계통 등등 얘기하고 나면 마음의 짐이 덜어지는 느낌을 체험했죠. '마음가면'이라는 책이 있는데, 그 책의 내용은 자신의 힘든 점을 내비치라고 돼 있죠. 그러면 훨씬 마음의 짐이 가벼워진대요. 그 책을 읽고 또 바로 실천에 들어갔죠. 저는 팔랑귀거든요, 외사촌 형에게 먼저 전화를 걸었어요.

"잘 지내지?"

"응, 그냥 그래."

"새 직장은 어때?"

"어리버리해. 넌 어떻게 지내니?"

"나? 힘들지. 사실 책에서 읽었는데, 자신에게 힘이 되는 사람에게 힘든 걸 털어놓으면 훨씬 편해진대. 형한테 바로 전화했지. 나중에 집에 한번

와."

"알았다, 너도 몸조리 하고~"

"응."

사촌 누나, 사촌 형, 친구들에게 전화했어요. 웃기죠. 요즘은 친구들이 '너는 아픈 사람 같지 않다.' 라고 하면, 말도 하지 말라고 합니다. 건강하다는 거 축복입니다. 길을 가다 보면, 할아버님, 할머님들, 걸음도 제대로 걷지 못하는 분들 많습니다. 장애인 체육관에 운동하러 갔어요. 할아버지들이 있길래 몸이 조금 불편하시겠지 생각했어요. 몸이 불편하신 분도 있는데, 저보다 힘이 더 세신 분들이 있으셨어요.

"아이고, 학생 우짜다 그래됐는교?"

"아, 큰 사고가 나서 다쳤습니다."

"꾸준히 운동해서 몸 만들어."

라고 하셨어요. 아버지가 그 말 하셨으면, 화부터 냈을 건데, 신기하죠. 다른 사람이 조언을 해주면 더 잘 들리는 거 말이죠.

다들 편안한 것만 찾으려고 하죠, 요즘 페이스북, 인스타그램, 애플, 유명한 신발업체들은, 처음에 아주 미약한 환경에서 시작했죠. 시행착오도 많이 겪고, 많은 실패도 있었지만, 후에는 세상이 놀랄 만한 제품들을 만들어 냈잖아요. 애플의 스티브 잡스는 창고에서 시작했습니다. 돈을 벌고 싶다는 생각도 컸지만, 무언가에 미칠 수 있다는 것, 멋진 것 같아요. 스티브 잡스가 죽기 마지막 직전에 이런 말을 했대요.

"끝없이 부를 추구하는 것은 결국 나 같은 비틀린 개인만을 남긴다, 신은 우리에게 부가 가져오는 환상이 아닌 만인이 가진 사랑을 느낄 수 있도록 감각을 선사하였다. 내 인생을 통해 얻는 부를 나는 가져갈 수 없다. 내가 가져갈 수 있는 것은 사랑이 넘쳐나는 기억들뿐이다. 그 기억들이야말로 너를 따라다니고, 너와 함께하고, 지속할 힘과 빛을 주는 진정한 부다. 사랑은 수천 마일을 넘어설 수 있다. 생에 한계는 없다. 가고 싶은 곳을 가라. 성취하고 싶은 높이를 성취해라. 이 모든 것이 너의 심장과 손에 달려 있다. 이 세상에서 제일 비싼 침대가 무슨 침대일까? 병들어 누워 있는 침대다. 너는 네 차를 운전해 줄 사람을 고용할 수도 있고, 돈을 벌어줄 사람을 구할 수도 있다. 하지만, 너 대신 아파줄 사람을 구할 수 없을 것이다.

잃어버린 물질적인 것들은 다시 찾을 수 있다 하지만, '인생'은 한번 잃어버리면 절대 되찾을 수 없는 유일한 것이다. 한사람이 수술대에 들어가며 본인이 끝까지 읽지 않은 유일한 책을 깨닫는데 그 책은 바로 "건강한 삶"에 대한 책이다. 우리가 현재 삶의 어느 순간에 있든, 결국 시간이 지나면 우리는 삶이란 극의 커튼이 내려오는 순간을 맞이할 것이다. 가족 간의 사랑을 소중히 하라, 배우자를 사랑하라. 친구들을 사랑하라. 너 자신에게 잘 대해줘라, 타인에게 잘 대해줘라.

처음에. 영어 원문으로 나왔을 때는, 무슨 말인지 몰라서 못 읽었는데 해석돼 있는 걸 보니, 정말 마음에 와 닿았어요. 죽고 싶었을 때도 있었지만, 중환자실에 있었을 때는, 부모님께 화냈던 점, 이기적이게 생활했던 점, 뭔가에 열정을 가지지 못한 점, 매일 아침 먹는 밥이 얼마나 그리웠던지요. 부모님께 잘못했던 행동이 제일 기억에 남습니다. 아는 팀장님이 말씀하시길,

부모님께 잘해라. 나중에 가슴에 못 박히는 기분들 거다. 제가 딱 그 상황이 었어요. 어머니에게 옷 안 사준다고 떼 부렸던 점, 신이 있다면 제게 한 번 더 살라고 기회를 준 것 같아요.

제가 제 입으로 착하게 살았다고 말하기는 머쓱하지만, 오늘 컴퓨터 강의 를 같이 들었던 어머님도 저보고 착하다고 하셨어요. 또 남들에게 피해 안 끼치게 살았으니, 용서를 해줬다고 생각해요. 만약 신이 있다면 말이죠.

기회를 줬는데도 5년간, 얼마 전까지만 해도 죽은 삶을 살아왔죠. 잠에 지 고요, 피곤함에 지고요, 제일 중요한 대인관계에서도 졌죠. 그중 부모님과 의 관계가 제일 큰 패배였던 거 같아요. 어머니께 그러셔요. 어떻게 참았냐 고요. 어머니가 그러시죠. 나도 미치는 줄 알았다고요.

아버지 지인분이 대단하다고, 아는 사람들 중에 많은 분이 자식 영향으로 안 좋은 쪽으로 건강이 악화되었다고요. 앞으로? 아니요, 지금부터 효도하 려고요.

밥이 맛있으면 맛있다고요. '이렇게 해봐' 라고 하면 '아버지 노력해볼게 요.'라고요. 감사하다고요, 온 맘을 다해 생활 하는 거요.

꼭 꿈이 있습니다. 아버지가 원하는 차 사드리는 거요. 좋은 마음가짐 가 지고 살면 좋은 기회가 올 거라고 생각합니다.

나는 끝없이 성장할 것

어릴 때는 누구나 꿈이 있잖아요. 하고 싶은 게 많고 꿈도 많이 바뀌구요. 저도 다른 친구들과 하고 싶었던 게 있었어요. 만화를 보다가 카레이서가 되고 싶다고도 했어요. 드라마 '낭랑 18세'에 나오던, 남자 주인공이 검사였는데 멋져 보여서 검사가 되고 싶기도 했어요. 초등학교 때 장래희망을 적을 때면 자주 바뀌곤 했어요. 친구들도 꿈이 많이 바뀌었던 것 같아요.

중학교 때는 행정고시를 치고 싶다는 생각도 했고요. 그때 나름 성적이 좋아서 친구들이 물어보면, 가르쳐줄 때가 있었는데, 기분이 좋더라고요. 특히 사회과목을 잘했던 기억이 나네요. 친구들이 중세 시대 산업혁명, 애덤 스미스나, 자유혁명, 권리장전, 물어볼 때면 다 알지는 못했지만 도움을 주곤 했어요. 저도 모르면, 서로 공부를 같이해서, 문제를 풀기도 하고요. 수학을 물어보면 "이렇게 해서 풀면 돼." 라고 가르쳐주기도 했죠.

저는 그중에 방정식을 좋아했어요. x=2x+4, x=3x+7 같은 간단한 식이 생각나서 적어봤는데, 답이 11이 나오더라고요. 기차가 일정 속도로 달리는데 어떻게 하면, 정확히 내가 달리고 있을 때, 똑같이 합쳐지는 순간은 언제인가 하죠. 사고력이 많이 향상되는 과목 중에 하나 인 거 같아요. 대학교 때, 전기과를 나와 어디서 주워들은 게 있어서 V=IR, R=V/I, I=V/R 기억났어요. 도서관에 갔는데 울산전문대 전기과에 다니던 친구가 있더라고요.

문제를 못 풀길래 나도 한 번 보자고 해서 풀어봤어요. 풀어졌어요. 직렬회로에서는 전압의 합을 구할 때 더하고, 병렬회로에서는 역수를 만드는, 맞나? 아마 맞을 거예요. 꼭 예전 생각이 나더라고요. 고등학교 졸업하고 간 대학에서, 공부했던 기억이요. 공부하려는 친구와 공부하기도 하고, 서로 모르는 점 있으면 교수님 찾아가서 물어보기도 하고요. 꿈이 많아서 친구들과 만남도 즐거웠습니다. 아는 형님과는 정말 마음이 잘 맞아서 이런저런 얘기를 많이 했죠. 형은 지금 전자공학 쪽에서 연구하고 계셔요. 우리 학교에서 경북대 가셨는데, 경북대에서, 전자과가 알아주거든요. 많은 동기분이 대기업을 갔는데 형은 중소기업을 선택했다고 하더라고요. 멋지죠. 자기 주관이 뚜렷하다는 거요.

형님과 영어 수업도 같이 들었고요. 맛있는 음식도 먹었고 형 자취방에 가서 이야기도 하고 그랬죠. 형이 아직 자취 생활해서 도사예요. 밥도 청소도 잘하시죠. 자취방에 가니까 에어컨에서 물이 떨어져서 껐다 켰다고 반복했어요. 자다가 일어나서 페트병을 밑에 두었는데, 가득 찰까봐 수시로 확인했던 기억이 나요. 마음이 맞는 친구들과 함께 하면 재미있죠. 친구들과 놀이공원에 가서 자이어드롭을 타는데, "소리 지르면 아이스크림 사주기다~" 하고 탔어요. 처음 타는 거라 긴장을 많이 했죠. 위에 올라가서 보이는 풍경을 보니 아찔했어요. 직원분이 "3초 세겠습니다." 하고 "하나, 둘." 하고 바로 떨어뜨리더라고요, 준비가 안 되었죠. 그게 묘미 아닐까요. 결과는 아무도 소리 안 질렀습니다. 제일 나이 많으신 형님이 "독한 것들!" 이라고 하시더라고요. 자기도 독하면서요.

다음 타켓은 디스코 팡팡이었어요. "손 놓치면, 음료수 사 주기다." 하고 놀이기구를 타기 시작했죠. 같이 탔던 여성분들이 계셨는데, 난리도 아니었어요. 저희는 팔에 힘이 있으니까, 끝까지 잡고 안 놓는데, 여성분들은 떨어지고 꺅꺅 소리 지르고 저희는 기계 때문에 떨어질 뻔한 게 아니라, 여성분들 때문에 웃겨서 떨어질 뻔했죠. 얼마나 재미있던지요, 날씨 풀리면 친구들과 놀이공원에 가고 싶습니다. 아직도 동심이 남아 있길 바라면서요.

좋은 사람들과 함께 꿈을 꾸면 한층 친밀해진다고 연구 결과에 나왔죠. 그래서 고등학생 때 친구가 오래간다는 말이 맞아요. 저도 그랬다고 생각해요, 대학교 친구들이 아주 조금 더 좋지만, 고등학생 때는 자아가 성립되지 않은 터라 이것도 하고 싶고 저것도 하고 싶죠. 나쁜 짓도 하고 싶고요. 저는 담배를 안 피우지만, 친구들이 피길래 아주 잠깐 방황하기도 했어요.

같이 술을 먹고 이러면. 생각에 박혀버리죠. 이 친구와 정말 친하다는 생각이요. 어제 아버지와 산책하러 갔다가, 친구를 길에서 만났습니다. 축구 유니폼을 입고 있더라고요. 안 만나가 된 지 꽤 되었어요. 고등학교 때 둘 다 축구를 좋아해서 점심시간이건, 저녁 시간이건 축구하러 갔고요. 시험 기간에 저희 집에 와서 공부하다가, 운동장에 공만 가지고 가서, 둘이서 패

스도 하고 그랬어요. 그때 기억이 새록새록 나네요. 서로 운동복을 좋아해서, 용돈을 조금씩 모으고 모아 저는 퓨마를 사서 자랑한 적도, 친구는 험멜을 사서 자랑하기도 했고 무엇보다도, 공차는 덜 좋아해서 제가 나이키 축구화를 사니 부러워하는 모습을 보고 기분이 좋았어요. 어제 친구를 만나고 이런 얘기를 했습니다. 공 한번 차자고요.

옛날 생각이 나면서 당연히 할 수 있던 걸 지금은 바라고 있다는 사실이 안타깝지만, 꼭 성공하고 싶습니다. 운동을 더 열심히 할 수 있게 된 동기부여였어요. 이처럼 마음 맞는 친구들과 있으면 좋죠. 가만히 있어도 얘기할 거리가 생기고, 재미있고요.

재미어트 대표님도 꿈을 크게 가졌대요. 언젠가 온 국민이 재미있게 운동할 수 있는 여건을 만들 자라고요, 점점 퍼져가고 있어요. 대표님도 사기를 당한 적도, 콘텐츠를 뺏긴 적도 많으시대요. 그런데 가족 같은 동료들이 있었기 때문에 견딜 수 있었대요. 멋지죠. 동료분들이 말했대요. 대표님 사정이 힘드시면, 저희 월급 안 받아도 된다고요.

멋진 거 같아요. 우리나라 현실은, 안정적인 걸 추구하잖아요. 도전하는 모습 너무 멋져요. 저는 하고 싶은 건 많아도 한 가지에 미치도록 열정을 가진 적은 없던 거 같아요. 아쉽죠. 친구를 만나고, 여행을 가는 거 정말 좋잖아요, 그런데 내가 정말 하고 싶은 게 있으면 시간 가는 줄도 모르고 있을 거예요. 남들 다 싫어하는 공부도 재미있을 거고요. 그래서 경험을 많이 해보라는 말이 맞다고 생각하는 점도 있는 게, 조금씩 하다 보면 재능이 보일 수도 있고, 정말 재미있게 할 기회가 생길 거 같아요. 모든 게 다 힘들죠. 운동은 경기에서 1등이 돼야 알아주고 그 뒤는 알아주지도 않죠.

그런데 내가 이걸 해서 행복할 거 같다, 그러면 선택하더라고요. 유도 선수들이 태릉선수촌에서 운동하는 걸 본적이 있습니다. 영상으로요. 하루하루가 지옥 같대요, 미친 듯이 운동하죠. 자기 몸무게의 두 배나 되는 역기를 들었다 내렸다 수도 없이 반복하고요. 윗몸 일으키기도 10kg짜리 아령을 들고 미친 듯이 하죠. 코치는

"한 개 더, 한 개 더."

외치더라고요. 지옥이 따로 없대요. 올림픽이 얼마 남지 않으면 미친 듯이 운동하는데, 하루는 운동장으로 가는 버스가 오지 않아서, 공터를 찾아 운동하더라고요. 우리가 노력이라고 하는 건 이분들의 새 발의 피도 아니라는 생각이 들었어요, 공부하다가 조금 쉬고 싶다고 눕고 인터넷 강의를 듣다가 인터넷 서핑하던 저 자신이 부끄럽더라고요. 누가 그러더라고요. 저러니 올림픽에서 금메달을 따도 울고, 못 따도 운다고요. 지금 소름 돋았는데요. 저도 한 번쯤은! 아주 한 번쯤은요! 소름이 끼치고 싶어서 열정을 가질 수 있으면 좋겠습니다.

꿈이 있다는 거 멋있잖아요. 꼭 멋진 꿈이 아니어도 좋죠. 영어를 잘하기 위해서, 아침에 잠시 영어 라디오를 듣는다든지, 아니면 주말에 산책하러 가서 마음을 단련하든지요. 세상을 탓할 수도 있죠. 저도 그랬으니까요. 그런데, 세상을 탓한다고, 바뀌는 건 하나도 없더라고요. 내가 바뀌려고 노력해야 하죠. 제가 이렇게 글을 쓰고 싶은 것 중 하나가, 전 대단한 사람이 아니죠. 공부를 잘한 것도. 운동을 잘한 것도, 딱히 내세울 게 많이 있지 않은 그런 청년입니다.

그런데 한 가지 말해주고 싶어요. 아직 힘들지만, 세상은 살아갈 만하다고요.

저는 상상도 가지 않습니다. 백혈병에 걸린 아이를 아버지 혼자 돈을 벌어 병원비에 다 쏟아붓고, 빚에 쫓기는 그런 삶 말이죠. 저도 많은 돈은 부담이 되어서, 기부를 많이는 못 합니다. 그런데, 커피 몇 잔 마시지 않으면 만원 아낄 수 있죠. 한 번 기부를 해보는 거 어떨까요?

자기 자신이 그렇게 될 수도 있다고 생각하면, 누군가의 도움이 간절할 겁니다. 꿈을 크게 가지고 성공해서 돈도 많이 버는 거 좋지만, 앞에 스티브 잡스의 말을 인용했듯이 죽기 직전에는 돈을 가지고 갈 수 없죠. 많은 사람과 함께 했던 따뜻함을 가지고 하늘나라에 갔으면 좋겠습니다. 남들이 제 이름 들으면, 아! 그 사람? 좋은 사람이야. 라는 소리를 들었으면 좋겠습니다. 아주 크면서도 소박한 꿈이죠. 그래서 돈을 많이 벌고 싶기도 합니다. 지인들에게 맛있는 음식도 대접하고 싶기도 하고요.

돈을 많이 벌면, 광고하는 도중에 후원이 필요하다고 하면, 선뜻 많은 돈은 힘들겠지만 보낼 수 있을 정도요. 제가 왜 성공하고 싶었는지 몰랐는데 요즘 깨닫는 거 같아요. 지인들이 저를 좋게 봐주는 점, 남들에게 도움이 될 수 있다는 점이요. 사실 앞길이 막막합니다. 글을 쓰고 있지만, 또 다음 책을 어떻게 써야 하는지요. 또 과연 복직했을 때, 잘할 수 있을까 하고요. 걱정은 끝이 없는 거 같아요. 앞으로 일어나지 않은 일은 엄청 많죠.

글쓰기의 행복을 알려주신 이은대 선생님께 감사합니다. 이은대 선생님은 내가 글을 쓰는 이유라는 책의 저자이시기도 하시죠. 지금 행복하려고 노력 중입니다.

밥을 먹을 땐 밥맛에 집중하고, 공부를 할 때는 공부에 집중하고 여행을 가면 여행에 집중하고요. 언제가 될지 모르겠습니다. 노력을 계속 하려고요.

오늘은 아침에 주먹밥을 먹으면서, 맛을 음미하려고 노력했죠, 어제 어머니께 주먹밥을 해달라고 했거든요, 아침 운동을 다녀와서, 누나와 아버지와 앉아서 먹으니 꿀맛이더라고요.

그런 생각을 했던 적이 있습니다. 하늘을 보고 참 좋다고요. 어제는 밤에 산책하면서, 간만에 시원한 공기에 행복하기도 했습니다. 사소한 행복을 느껴야 좋은 행복을 느낄 수 있다고 생각합니다. 꼭 거창할 필요 없습니다. 감사, 행복은 하면 할수록 자신을 성장시킬 수 있다고 생각합니다. 오늘 어머니께 맛있는 식사 해주셔서 감사하다고 하시면 어떨까요? 멀리 계신다면 안부 전화 한 통도 괜찮죠.

나의 가족과 함께

저는 가족과의 관계가 좋습니다. 친척들과도 잘 지내요. 나이가 들고 나서 더 친밀해지는 거 같습니다. 얼마 전엔 가족과 만복 탕을 먹고 왔죠. 더운 여름이라, 보신하고 왔죠. 빙수는 덤으로요.

여자들이 왜 밥 먹고 난 뒤에 커피를 마시는 지 예전에 미리 알았죠. 여자 친구들이랑 맛있는 음식을 먹고 또 커피를 마시러 가자고 하더라고요. 와, 깜짝 놀랐어요. 저보다 먹는 양이 많다고 생각했죠.

'밥 배 따로 후식 배 따로'라는 논리 아닌 논리에 설득되어서 먹으러 갔죠. 진짜 신기한 게 커피가 들어가긴 들어가더라고요. 커피를 마시는 게 중요한 게 아니라 수다를 떠는 게 중요하죠. 그게 key 포인트예요. 남자들은 이해할 수 없는, 어찌 보면 조금은 이해할 수 있는 그런 점이죠. 남자들요, 술 먹으러 가서 1차로 밥이랑 술 먹고, 2차로, 또 다른 음식과 술 먹고 또 감자튀

김이나, 쥐포 있는 포차 같은 데 가잖아요. 당연하다는 듯이, 재밌죠. 그런데 한없이 안 좋은 점이기도 하다고 생각합니다.

자주 만나서 건설적인 이야기나, 뜻깊은 이야기를 나누는 게 아니라, 누군가의 단점을 얘기하고, 어쩌다가, 자주 보다가 싸워서 안 보게 되는 경우도 많더라고요. 제가 느낀 바는 그렇습니다. 가족들과는 선을 넘지 않아요. 저희 가족은 서로 이해해주죠. 험한 말도 하지 않아요. 자식인 저와 누나가 느끼니, 더 좋아지는 것 같습니다. 누나가 맛있는 곳을 많이 알아서 데리고 가주죠. 그래서 딸이 있어야 한다고 하나 봐요. 어머니가 우울해 보이면, 같이 커피숍도 가고요. 맛집도 찾아가고요. 좋은 곳도 갑니다. 태화강변을 가서 사진도 찍고요. 아이스크림도 사 먹고요, 치킨. 맥주 사서 가서 이런 저런 얘기를 나누고 오죠. 꼭 좋은 것만 보고, 좋은 음식 먹는다고 행복하지 않더라고요. 친한 사람들과도 좋은 곳 놀러 가서 싸우고 오면 무슨 소용인지 생각해보니 아쉬울 거 같아요.

좋은 곳에 좋은 에너지 받으러 갔는데 싸운다면 말이죠. 서로 배려를 해주면 되는데, 살아온 환경이나, 성격이 다른 데 맞추기 힘들잖아요. 그런데, 가족은 다르다고 봐요. 가족은요. 제 기준에서는요. 조금 자신이 손해 보더라도, 서로 맞추죠. 예를 들면 어머니께 옷 좀 사달라고 하면, 어머니는 사주시려 하죠, 어느 부모님이 안 사주고 싶겠어요. 하지만 상황을 봐야지요. 저희 어머니도 제가 사달라고 하면 사주십니다. 요즘엔 어머니가 제 옷 괜찮은지 보고, 이거 어떠냐고 하셔요. 그럼 저는 괜찮은데 너무 비싸다고 해요. 아깝잖아요. 비슷한 스타일 옷 싸게 살 수 있는데요. 물론 비싸면 비싼 값

하겠지만요. 저도 요즘 철이 조금 들었나 봐요. 돈 걱정하니까요. 쓸 땐 쓰려고 노력해요. 친구들에게 밥은 많이 못 사주지만, 아껴다가 커피를 사주기도 하죠.

가족은 인생을 살아가는 데 큰 힘이 돼주는 존재잖아요. 서로 힘을 주면 이겨나갈 수 있죠. 힘든 상황이 닥쳤을 때 서로 머리를 합하면 지혜가 나오듯이요. 오늘도 아버지와 뒷산을 다녀왔습니다. 조금 힘들더라고요. 사진 몇 장 찍고, 내려와서, 강에 발 넣고 사람이 많이 없다고 주위를 둘러보니, 취사 금지, 낚시 금지, 야영 금지! 가 적혀있더라고요. 얼마나 사람들이 먹고 쓰레기 안 가지고 가고, 음식 찌꺼기 물에다 버리고 했길래 그런 조치를 취했을까 싶어요. 우리나라 사람 말 참 듣지 않죠. 왜 그렇게 듣지 않을까요. 요즘 아이들은 더한 거 같아요. 몸에 안 좋은 치킨 피자 적당히 먹자고 해도 들리는지 마는지, 엄청 먹어대죠. 부끄럽네요, 제가 그랬거든요. 저도 중학교 땐 돌아서면 먹고, 돌아서면 먹었죠.

너무 많이 먹어서 살도 많이 쪘고요. 요즘도 입맛이 돌아왔는지 많이 먹어요. 집에 어머니가 간식을 안 사다 놓아서, 먹고 싶은데 먹을 게 없는데, 다 자고 있을 때 주방으로 가서 뒤졌던 적이 한두 번이 아닙니다. 한번은 찾다가 어머니가 숨겨 놓은 과자를 발견하고 속으로 외쳤어요 '유레카!' 과자소리 안 들리게, 조심조심 들고 와서 먹었죠. 다음 날 어머니가

"이상하다, 분명, 여기 과자 숨겼는데. 아들이 먹었나?"

하셨는데 시치미 떼려다가 웃는 바람에 어머니도 웃으시더라고요. 얼마나 먹고 싶었으면, 몇 번은 밤에 라면을 부숴서 생라면을 먹은 적도 있어요.

스프 뿌려서 먹으면 꿀맛이죠. 어릴 때 많이 먹었는데 확실히 라면 양이 작아진 게 느껴졌어요. 배가 커진 건가요. 친구와 부숴서 먹으면 엄청 많이 먹었던 거로 기억하는데요. 초등학생 땐 서랍에 넣어두고 먹었죠. 학원에 다닐 때도 어머니 몰래 친구랑 사서 먹곤 했죠. 매워서 헉헉거리면서 먹었던 기억이 아직도 나요. 물도 먹고 누가 우유를 먹으면 조금 괜찮다고 해서 우유도 마셨던, 어머니들이 먹지 말라는 거, 하지 말라는 데는 이유가 있는데 말이죠.

요즘 느끼는 거 같아요. 아이들이 라면 먹고, 햄버거, 피자 많이 먹고, 게임만 하다 보니, 당뇨가 걸린 초등학생도 있고, 중학생은 뇌 병변된 아이도 있다고 들었어요. 당뇨, 뇌출혈이 얼마나 무서우냐면, 당뇨는 평생 약을 먹어야 하고요, 단 음식을 많이 먹으면 안 되죠. 피검사도 수시로 검사하죠. 합병증도 무서워요. 발이 썩어서 절단한 환자도 있다고 하죠. 병원에 와서 느꼈어요. 꼭 나는 운동해서 건강해지자고요. 그 마음이 지금의 저까지 된 거 같아요. 건강해졌죠. 아버지와의 걷기 덕분이기도 해요. 가족끼리 산행을 가보는 것도 꿈이랍니다. 어머니와 누나가 안 가려고 하죠. 살살 달래봐도 안 간대요.

먹는 건 또 잘 가거든요. 저희 동네 맛집은 유명한 곳은 웬만하면 가봤단 거 같아요. 어머니랑 둘이서 중국집에 가서, 양장피를 먹고 온 적이 있는데, 서로 이게 행복이지 라고 하면서 먹고 왔어요.

맛도 있었고 세일도 했기 때문에 저렴하게 먹고 왔죠. 어머니께서 오랜만에 저녁 하기 싫다고 하셔서 저녁 먹고 왔어요. 아버지가 매운 걸 잘 못 드시기 때문에 닭발집은 잘 못가요. 찜닭에다가, 치즈 넣어서 맛있게 먹기도 하고, 뷔페에 가서 배가 터지도록 먹기도 했어요. 오늘은 아버지와 부대찌개를 먹었는데 괜찮더라고요. 가격도 적당하고요, 맛있더라고요. 에어컨 빵빵하게 나와서 좋았습니다.

저는 밥 두 공기 먹었어요. 산에 가서 빠진 열량의 두 배 먹었던 거 같아요. 맵지도 않고 만두도 맛있고요. 어렸을 땐 어머니가 김치찌개랑 부대찌개 많이 해주셨는데. 제가 얼마 전 해달라고 하니까. 해주시더라고요. 예전 생각도 나고 좋았어요. 저희 집 음식이 싱겁거든요, 건강을 위해서 소금을 조금만 넣으시죠. 어쩌다가 조금 짜면, 아버지나 저나, 짜다고 그래요. 저는 그냥 어머니 조금 짜네요 하고 마는데 아버지는 난리도 아니에요.

"아~ 짜다!"

라고요. 그러면 어머니가

"당신 때문에, 요새 밥을 못하겠다."

싸우는 게 아니라 다투시죠. 그러면 제가 그래요, 아버지는 짠 거랑 매운 거 빼면 다 잘 먹잖아요~ 다른 집은 엄마 지인 분들이, 요리하면 다 버리고 한다는데, 우리는 고구마 줄기 무침을 하듯, 양파 조림을 하든 나물을 무치든, 두릅 요리를 하든 다 잘 먹잖아요. 좋아해야죠. 하니까 어머니가 하시는 말씀이 우리 집은 너무 잘 먹어서 문제라고 하셔요.

반찬을 만들면 며칠 안가거든요. 저도 못 먹는 음식이 없어요. 누나가 조금 그런 경우가 있긴 하는데요, 송정에 가서 회를 먹는데, 개불, 해삼, 멍게. 미더덕 다 먹었죠. 친구들하고 가도 재미있겠지만, 가족들이랑 가도 재밌어요. 사진도 찍고 오늘 이런 일 있어서 화났다. 아, 그거 봤냐고, 말이 되냐고 하면서 시간 가는 줄 모르죠. 한번은 레스토랑에 간 적이 있는데요, 제가 아팠을 시기였어요. 가니까 마음이 치유되더라고요. 분위기며, 매너 좋은 직원들이며, 맛있는 음식이며요, 왜 프랑스 사람들이 저녁을 2시간씩 먹는지 알겠더라고요. 저녁을 먹으면서 이런저런 이야기를 하며 치유하는 거죠.

보쌈집에 가서 수육을 배 터지도록 먹기도 하고요. 피자집에 가서 피자는 조금 먹고 샐러드 왕창 먹고, 집으로 오기도 하고요. 피자 먹고, 인형 뽑기 방에 가서 천 원만 해보자 하니까, 아버지가 돈 아깝다고 안 한다더니, 한 번 해보시고는 재미있어하더라고요. 가자고 하니까 다른 사람 뽑는 거 본다고 시간 다 보내는 거 있죠. 그 모습 보면서 어머니와 저는 얼마나 웃었던지요. 가족들과 함께 하는 것도 즐겁고 재미있습니다. 적어도 우리 집은요, 행복이란 거 별것 있나요? 배고플 때 먹을 수 있고 더운 여름에 시원한 선풍기 바람맞고요. 겨울에는 따뜻한 옷을 입고 생활할 수 있다면, 혼자가 아닌 같이 할 수 있는 가족이 있다면 행복한 겁니다. 저희 부모님 영향이 제일 컸던 거 같아요. 크게 혼난 적도 많이 없고, 대화를 많이 했어요. 정말 교육을 잘하시는 부모는 화가 났을 때, 밖으로 아이를 데리고 나간답니다. 화가 어느 정도 가라앉죠, 그리고 이성적인 판단이 생겼을 때, 합리적으로 말하죠. 아이도 그러면 생각하게 되고, 어머니가 화난 건 이러해서 화가 났다고 느낀대요. 얼마나 멋진가요.

어머니, 아버지는 자신 걱정보다 내 걱정을 더 하는 이런 모습을 잊고 화내고 짜증 냈던 거 뼈가 사무치도록 슬펐습니다. 후에 후회하지 않기를……

콩닥콩닥 내 삶

저는 긴장을 많이 했습니다. 콩닥콩닥하는 게 아니라 쿵쾅거렸던 가슴을 가지고 있었죠. 지나고 나면 별 것 없는데 마음대로 안 되죠. 아직도 조금은 남아 있는 거 같아요. 대학교 때는, 새로운 거를 한다는 자체가 설렘이었습니다. 처음 친구들을 만났다는 것. 성숙하여 보여도 성숙하여 있지 않던 내 모습, 처음 대학을 갔을 때는 별로 안 좋았어요. 전기과 공대, 또 그중에 취업 잘 되는 전문대였어요. 여자 분은 교수님을 포함하여 2명 밖에 없었어요.

암울하죠? 얼마나 남자들이 득실댔는지요. 그래도 정말 재미있었어요. 저희 반처럼 사이좋은 반도 없었을 거예요. 저는 동아리에 안 들어갔지만, 친구들이 봉사동아리에 들어갔어요. 봉사동아리 이름이 상록순데, 술록수 라고 불렀어요. 술을 많이 먹어서요. 하루는 친구들 따라갔는데, 신선한 충격이었어요. 재밌더라고요.

술 게임도 그렇게 많이 있다는 걸 깨달았던 것 같아요. 신기하더라고요. 한 번 먹으니 두 번 먹게 되고, 세 번 먹게 되고, 그다음부터는 계속 먹게 되더라고요. 먹고 싶기도 했고요. 안주를 먹을 때 그 맛있는 기억은 아직도 남아있네요. 정말 좋아하는 자주 가는 막걸리 집이 있었는데요. 아는 형님들이 신입생 때 갔던 곳이었어요. 형님들이 얼마나 자주 갔던지, 막걸리 집 쌍둥이 누나들 막걸리집 사장님들이 알아보셨대요. 오랜만에 왔다고요. 얼마나 자주 갔으면 2년 반이 지났는데 기억했을까 생각이 들더라고요, 형님들이 너희도 우리처럼 된다 두고 보라고 하셨죠. 어떻게 됐을까요? 뒤에 말해 드릴게요. 술집에서 그냥 이야기 제 이야기, 친구 이야기 서로 듣기만 해도 좋았죠. 친구들이랑 소소하게 짜장면 시켜 먹는 것도 좋았고요. 찜닭 시켜 먹는 것도 좋았어요. 저는 볶음밥을 그중에 좋아했어요. 짜장 소스에 밥, 짬뽕 국물까지 다 조금씩 먹을 수 있잖아요.

당구장에서 내기해서 먹는 짜장면은 최고예요. 정말, 점심시간 1시간인데, 가서 치고 자장면 먹고, 수업시간까지 막 달려왔죠. 달리기가 그렇게 빠른지 처음 알았어요. 친구들이 공부를 열심히 하지 않아서 제가 인정을 조금 받았던 것도 사실이죠.

조금은 자신감 아닌 자만심이 있었던 기억이 나기도 하네요. MT를 가서 한 명씩 침대에 눕혀두고, 그 위에 침대를 올리고 장난으로 발로 차고 그랬죠. 저보고 친구들이 장난으로 "에잇, 성적 낮게 받으라."하면서 넘어뜨렸죠. 저는 거기다 대고 "너희보다는 잘 받을 거야."라고 했죠. 첫 엠티의 기억 좋게 끝났습니다. 태어나서 처음 가는 엠티, 설레는 마음, 콩닥콩닥 되는 마음으로 다녀왔던 엠티 좋게 끝났습니다. 친구들과 취업하는 상상 하면서요. 앞으로 열심히 하자고요. 물론 다짐은 얼마 안 되었지만요.

같이 갔던 학회장 형님, 대구에서는 형을 '희야'라고 부르거든요. 희야는 토익을 도저히 못 하겠다고 그러시더라고요. 그럴 수밖에요. 고등학교 때까지 영어공부를 하지 않으셨는데요. 다들 공고를 나온 사람이 대다수였거든요. 그래도 다들 대기업에 들어가고 싶어서 의지는 대단했죠. 그런데, 우습게도 대단했던 의지는 바로 꺼지고, 또, 놀러 다니고 맛있는 음식 먹는다고 시간 다 보냈죠. 시험 기간 되면 부랴부랴 공부했고요. 그래도 좋았습니다. 매일 보는 친구들이 뭐가 좋다고, 그렇게 매일 보고 또 보고 했는지요.

친구들과 수다를 떨면 시간 가는지 몰랐어요. 온종일 수다 떨었죠. 밤에 놀다가 친구 자취방에 가서 TV 틀어넣고 온종일 얘기했어요. 정치 이야기 하고요. 게임이며, 오만 얘기란 얘기는 다 한 거 같아요.

얼마 전에도 대학 친구를 만났는데, 그때도 새벽 3시까지 잠자지 않고, 얘기 했던 거 같아요. 여태까지 있었던 그런 이야기고요, 친구 집에도 잠시 들렀는데요. 전주였어요. 울산에서 가려니 청송까지 올라갔다가, 전주로 갔어요. 오랜만에 만난 친구라 몸이 안 좋아도 참만 했죠. 친구 집에 도착해서 조금 쉬고, 친구가 전주 한옥마을 데리고 가줬어요. 좋더라고요. 커피도 마시고, 운세도 보고요. 대학생 때 철없이 놀던 때가 기억났어요. 여러 명이 만나기로 했는데, 전주에 있는 친구 집에는 저 혼자 갔어요. 어머니께서 맛있는 음식 해주셨죠. 전라도 분이시라, 정말 맛있는 음식 많이 해주셨어요.

오이무침도 맛있었고요. 제일 기억에 남는 음식은 야들야들한 떡갈비였죠. 어디서 먹어본 적 없는 그런 맛이었어요. 알고 보니 어머님 지인분이 하시는 유명한 맛집 인데, 매년 보내주신대요, 사이가 좋으셔서요. 맛나게 먹고 친구가 벽화마을 보여준다고 해서 보러 갔습니다. 사진도 한 장 찍고 왔습니다. 전주 덥더라고요. 택시기사 아저씨가 그러시더라고요. 대구만큼 덥다고요. 진짜 최고였어요, 여태까지 중에요. 얼마나 더웠는지 빨리 집에 가서 쉬자고 했죠. 친구가 입사원서를 쓴다고 컴퓨터를 만지는 도중에 저는 스르르 잠이 들었어요.

두 명의 친구가 더 있는데, 그중 한 친구가 힘들다고 뭐라 뭐라 했는데 전 꿈결에 친구와 얘기를 한 거 같더라고요.

나중에 만나니 꿈결이 아니라, 진짜 힘든 걸 얘기 했더라고요. 잠이 조금 깼는지, 친구와 달밤에 운동했어요. 이 친구는 자기만족으로 운동하는 친구거든요. 정말 신기해요. 왕자도 선명하죠. 얼마 전에도 단톡방에 서로 몸 사진 보냈어요. 저는 비루한데 친구는 멋지거든요. 아는 형님이, 더러운 것들이라고 하셨죠. 그래도 계속 올렸어요. 친구는 자기 자존감이 높아요, 남들이 뭐라 하는 거 신경 안 쓰죠. 옷도 자기가 마음에 들면 입고 다니고, 마음 내키는 대로 생활하죠. 어떻게 보면 제가 배워야 할 점인 거 같아요. 할 수 있다면, 저도 남 눈치 많이 안 보던 대학 생활로 돌아가고 싶은 마음이 크죠.

아직 친구들과 연락하는 거 보면 친구를 많이 좋아했나 봐요. 그렇게 많은 친구를 아는 건 아니지만, 좋은 추억을 가지고 있는 친구들이 많죠. 서로 한없이 놀릴 때도 있고요, 싸우는 게 아니라요. 힘들 땐 서로 도와가는 적도 있었죠. 평생 연락하며 지내고 싶어요. 다른 같이 놀던 친구도 있었지만, 저희는 조금 더 정이라는 거 같아요. 서로 돈 없으면 대신 내주기도 하고요. 여자아이들은 100원 단위도 받더라고요, 그게 맞지만, 저희는 돈 없을 때 힘들 때, 서로에게 도움을 주었기 때문에, 서로가 더 각별했던 거 같아요. 저 혼자만의 착각이 아니길 바라면서 친구들을 만나고 좋았던 점이 컸지만 어떻게 보면 원래 소심했던 제가, 너무 많은 경험으로 견디기 힘들었던 제 모습이 커서 사고가 났었을 수도 있다고 생각해요.

그런데, 그때의 기억, 후회하지 않아요. 좋은 기억들이 있다는 거 돈 주고 살 수 없다는 기억들이 있다는 거 소중하죠. 어떻게 되었든, 저는 살아 있잖아요. 누가 그러더라고요. 불사신이냐고요. 내가 잘못들은 소리 아니냐고. 큰일 날 뻔했다고 해요. 그러면 제가 그러죠. 큰일 났죠. 솔직히 버티기 힘들고 아직도 힘든 거 사실입니다. 그런데 제 가족들이 있다는 생각하면 조금은 아주 조금은! 나아지는 느낌이 듭니다.

상담 선생님은 너무 조급해서도 안 되고, 너무 태평해서도 안 된다고 말씀하셨어요. 그런데 너무 조급했었어요. 그래서 앞에도 말했듯이, 밥을 먹을 때 작은 숟가락으로 먹고, 횡단보도를 건널 때, 한번 쉬고 가기도 하죠. 약간의 긴장감은 가지고, 마음은 평온하게 해야 된다고 하더라고요. "어떻게 그렇게 해요?"

라고 물으니 대답하시더라고요. 계속 암시를 하라고요. 말이 씨가 된다는 말이 떠올랐습니다. 자기 자신에게도 나는 할 수 있다고 암시를 계속하라고 하셨어요. 많이 좋아졌고 글을 쓴 지 얼마 안 되었지만, 글을 쓰면서 제 마음이 치유되고 있는 중인 거 같아요. 요즘 생각합니다.'아~ 세상 살만하구나'

남들이 보기에 또 제가 느끼기에, 힘든 시기인 건 당연한 소리입니다. 하지만 한 걸음 뒤로 물러서서 생각해보면 제 상황을 생각하고, 겁도 나지만, 앞으로 나아갈 방향을 찾고 있는 시간이기도 합니다. 저같이 몸이 안 좋아서, 약을 먹지 않으면 생활할 수도 없는 저 같은 사람도 있겠지만, 또 저보다 더 힘드신 분도 많지만, 같이 이겨나갔으면 합니다.

누군가가 제 이야기를 듣고 도움이 된다는 말을 들으면 행복할 거 같아요. 가슴이 쿵쾅쿵쾅 뛴다면, 내 내면의 소리에 귀를 기울이시고, 외부의 불안으로부터 마음에 보호막을 쳐보니 났더라고요. 그중 제일 효과 좋은 게 심호흡이에요. 가슴이 뛸 때 한 번씩 하는데요, 가슴이 뛰면, 숨을 들이마셨다가 아주 조금 더 뛸 때까지 숨을 참았다가, 내뱉었습니다. 그러면 두근거리던 가슴이 조금 수그러들더라고요. 그렇게 한 지 얼마 되지 않았는데, 뒷산을 올라가도 숨이 가파르지가 않더라고요. 한번 해보셨으면 해요.

많이 좋아지더라고요. 두 번째는 생각 멈추고 내가 정말 되고 싶었던 꿈을 생각해보는 거예요. 뜨거운 뭔가가 느껴지더라고요. 방에서 꿈들이 아른대도 잡을 순 없었지만, 마음이 조금은 안정되더라고요.

세상을 아름답게

어느 순간 세상이 조금은 아름답게 보이더라고요. 아주 조금은요. 하늘을 보기도 하면서요. 하늘을 달과 별 사진을 보면서요. 정말 멋지죠. 길을 가다가 달 사진을 찍어 친구들에게 보냈던 적이 있어요. 친구들이

"와~ 죽인다~ 근데 이거 뭔데?"

"달이잖아. 달을 하도 안 봐서 잊어버린 거 아냐?"

지나가다가 하늘을 본 적이 있나요? 전 요즘 하늘을 자주 봐요. 마음의 여유가 생겼나 봐요. 전에는 아무것도 안 보이던 저였는데 요즘은 하늘이 잘 보이더라고요. 하늘을 보면 안타까운 게 있어요. 별이 어릴 때 보던 것과는 다르게, 현저하게 희미해지고, 개수도 많이 줄었다는 거요. 우리가 아프면 힘들 듯이, 지구도 그런 성황이 되어가는 게 아닌가 싶어요. 지구온난화, 무섭죠. 북극의 눈물이라는 TV 프로그램도 있었는데, 빙산들이 많이 먹는다

는 거죠. 체감하는 것 같아요.

요즘 정말 덥죠. 매년 최고치를 찍는 거 같아요. 올여름은 그 중 최악이었는데, 친구들과 지인들이 하는 말이 너무 더워서, 놀러 가서 카페에 간 기억밖에 없대요. 진짜 그럴 거 같다는 생각이 들었어요.

우리 가족은 멀리 안 갔지만, 밖에 나갈 수가 없더라고요. 너무 더워서요. 불쾌지수도 최악이죠. 끈적끈적한 모습, 올여름 최고였어요. 반팔을 입고 나가도, 겨드랑이가 찐득거리는 거 다 아시죠. 밖에서 일하시는 분들 보면 정말 대단하다는 생각밖에 안 나더라고요. 더위에 이길 수 있는 지구가 조금 건강해졌으면 하는 바람이 생기네요.

국민의식이 바뀌어야 하죠. 그런데 참 바뀌기 힘든 거 같아요. 제 친구들도 그 순간의 행복과 우리의 편리함을 위해 쓰레기를 아무 데나 버리는가 하면, 아쉽게도 건설적인 이야기보다 그 순간의 재미를 위해 행동 했던 거 아쉬워요. 지금 친구들과 그런 말 해요. 우리나라 선진국 되려면 멀었다고요. 이렇게 생각하는 저희도 어리지만요. 세상을 바꾸기 위해선, 우리나라의 국민의식을 바꾸기 위해서는 우리의 모습을 바꾸어야 할 거 같아요. 조금씩이요. 우리, 나부터 바꾸려고 노력하면 충분히 좋은 결과가 있을 것으로 생각합니다. 하늘을 보고 아름답다고 느낄 수 있었으면 좋겠어요. 하늘의 별이 많이 보이길요.

길을 가다가 꽃을 본 적이 있나요? 꽃을 보고, 아름답다고 생각하는 사람 많죠. 그런데 꽃이 피려면 힘들대요. 꽃도 얼마나 힘들까요. 꽃이 피기 위해서요. 저희 삶도 그러하다고 생각해요. 조금의 힘듦을 참으면 좋을 거 같아요. 성공한 사람들 보면, 다들 인내가 있었잖아요. 공부를 할 때도 그렇고 요. 운동선수도 그렇죠. 농구선수 같으면, 얼마나 많은 노력을 했을지, 또 야 구선수는요. 그 스트라이크 존에 넣을 수 있도록 끊임없는 노력을 했을까 요. 시속 160km의 속도를 내려고 하면 얼마나 빨리 던져야 하는지요.

얼마 전 기부단체에서 사람들에게 연락을 해서, 기부를 해달라고 했죠. 지역 아동을 돕는다고요. 많은 사람들이 기부했대요. 그중 고등학생도 있었 는데, 고등학생이 어렵게 모은 몇만 원을 기부를 했다고 하는데, 알고 보니, 그 기부 단체가 사기였던 거예요. 전화로 돈을 보내달라고 해서 그 사업들 은, 돈을 모아서, 요트 파티하고, 외제 차 타고 놀러 다니고 했대요. 놀랍게 도 금액은 3년 만에 128억을 모았대요. 잡혔기 때문에 다행이죠. 참 안타까 운 일이에요.

경기장에서 기자가 쓰레기를 아무데나 버리면 청소부 아주머니가 힘이 드니까, 가지고 가달라고 그러셨죠. 그랬더니 어떤 사람이 "청소부는 청소 하라고 있는 거 아니냐?"고 그랬대요. 이게 무슨 논리인지 어이가 없었죠, 자신의 부모님이 청소부면 그런 말 나올까요? 또 난폭 운전하는 차는 왜 그 렇게 많은지요. 꼭 경주하는 거 같아요. 저도 운전을 하는데 운전이 서툴러 서, 조금 느리게 가면 빵빵 난리가 나죠. 끼어들고 빨리 달리고요. 또 안전벨 트는 왜 그렇게 안 메는지요.

담배는 버스정류장에서 피지 말라고 해도 피우는 사람들이 있어요. 안타 까워요. 그래서 전 제가 바뀌려고 노력해요. 제가 바뀌려고 노력했던 점 중 에, 친구들이 쓰레기를 땅에 다 버리면, 저는 쓰레기를 주워서 휴지통에 버 리죠.

별거 아니잖아요. 몇 초면 되는걸. 저도 버릴 때 많죠. 노력하려고 계속 시도 중이죠. 언젠가 제 주위 사람들도 함께 좋은 행동 했으면 해요, 내 주위에 아름다움이 함께하기를…….

그런 사람 있잖아요. 돈 보고 사람 사귀는 사람이요. 그런 사람은 뒤에 후회하죠, 돈이 없으면 쳐다도 안 보죠. 저는 그렇게 살지 않으려고 노력 중입니다. 돈이 많은 친구 있으면 좋죠. 근데 내가 그렇게 사귀면 내가 힘들 때 도와줄까요? 제 답은 NO입니다. 제가 느꼈거든요, 제가 아플 때 저한테 연락했던 친구는 돈 많은 친구들이 아니었어요. 그렇다고 제가 돈이 많은 친구를 사귄 것도 아니지만, 적어도 제가 진심으로 대해줬던 친구들이 연락이 오더라고요. 그리고 힘들 때 한마디의 위로가 얼마나 큰 도움이 되는지요. 꼭 그 친구들을 위해서라도 돈 많이 벌고 싶어요.

세상이 아름답기 위해선 서로 도우면서 아름답게 해나가야 한다고 생각해요. 행복은 멀리 있는 게 아니죠. 어제 어머니와 커피 마시러 다녀왔습니다. 1,500원 커피를 마셨어요, 2,500원짜리 커피를 세일해서 1,500원 하더라고요.

저도 이 글 쓰고 운동하러 갈 겁니다. 저녁이 지나 밤이 되었는데, 비가 와서 그런지 상쾌하네요. 머리도 자르고 기분전환도 하고요. 저 자신에게 선물을 주는 겁니다. 어떤 책에서 그러더라고요. 힘든 나 자신에게 선물을 하나 주라고요. 그렇게 거창할 필요 없다고요.

세상이 아름답기 위해선 나 자신부터 바꾸어야 할 거 같습니다, 요즘 우리나라 상황은 참 힘든 거 같아요. 아이들이요. 학원을 도대체 몇 개나 다니는지요. 행복은 성적순이 아니잖아요. 라는 말이 있듯이, 행복은 성적순이 아니길 바라요. 저에게 암시를 거는 거 같네요.'나는 생각해, 행복은 성적순이 아니야!' 라고요. 성적순이 아닌 건 확실한 것 같아요. 그런데 아쉬워요. 대부분 성적순으로 좋은 대학에 가고 성적이 좋아야 더 좋은 직장에 들어가더라고요.

그래서 요즘은 아이들이 더 돈 많이 벌고 자기가 하고 싶은 힙합이나, 가수가 되고 싶어 하나 봐요, 전 어떻든 간에, 저도 행복해지길 바라면서, 세상도 아름다워졌으면 해요. 그러기 위해선 저부터 바뀌어야겠죠.

세상을 얻다

다치고 5년 동안이나 죽은 삶을 살아왔죠. 지금 이렇게 가족들과 식사를 하는 게 얼마나 감사한 일인지 느꼈죠. 꼭 한 번은 어머니께 감사하다고 말하고 싶었어요. 어느 순간부터요. 부끄러움을 참다 보면 더 좋은 것들을 얻을 수 있죠.

사촌 누나가 생각이 납니다. 누나는 큰아버지와 할머니께 사랑한다고 얘기 많이 하죠. 애교가 많아요. 저는 아직까지는 부끄러움에 지는 거 같아요. 친구들과 있을 때도, 실수를 하면 얼굴이 빨개졌죠. 앞에서 나가 발표 하는 게 힘들다는 얘기죠. 별거 아닌데 말이죠. 어릴 때, 발표 잘하고 자신감이 넘치는 모습을 가지고 있는 친구들 보면 부러웠어요. 발표 잘하고 말 잘한다는 거 멋지잖아요. 인기도 많고, 실없는 농담으로 친구들을 웃기고, 부끄러워도 금방 이겨내죠. 멋져요. 한번은 친구가 교실 앞으로 나가 노래를 불렀던 때가 생각이 나네요.

노래 이름은 생각이 안 나는데, 힙합이었어요. 멋지죠. 저도 힙합에 관심이 많아요. 랩이라고 불리죠. 반주에 맞춰 말을 하는 건데, 그렇게 멋질 수가 없어요. 한때, 힙합을 너무 많이 듣고 노래했던 때가 있던 때가 있었어요. 랩을 부르면 마음이 평온해진다고 해야 하나요. 병원에 있을 때도 따라부르곤 했어요. 어머니께서 기뻐하셨죠. 제가 말 수가 줄었는데, 그래도 노래를 따라 부르니까 말이죠.

노래를 들으면 힘이 나는 느낌 있잖아요. 노래를 따라 부르면서 친구들에게 웃긴 모습도 보였어요. 어! 어! 예!예!예! 친구들도 하지 말라면서 웃었죠, 그때로 돌아가고 싶어요. 대학 때 친구들 앞에서 못난 모습을 보이면서 웃기는 모습 말이죠. 재미있게 생활할 수 있게요. 세상은 가만히 있죠. 내가 세상을 어떻게 보느냐에 따라 세상이 아름답게도 보이고 한없이 힘들다고도 느껴진다고 생각합니다. 참 안타까운 점 이 있는 것은, 아이들이 태어 날 때부터 아프다는 점이에요. 부모님들은 세상이 얼마나 미울까요.

어머님들이 아이들 앞에서 울지 못하고, 화장실에 가서 눈물을 훔치던 모습을 보니 얼마나 마음이 아프던지요. 가슴이 찢어지죠. 건강하다는 것은 축복입니다. 두 팔로 물건을 들 수 있다는 사실에 감사, 두 다리로 걸을 수 있음에 감사요. 얼마 전 혼자 여행을 다녀왔는데, 다행히 짐이 많지가 않아서 짐을 들고 내리는 데 문제가 없었지만, 여행용 가방을 끌고 다녔다면 어땠을 까라고 생각이 들더라고요.

모르는 분들께 도움을 구해야겠죠, 한두 번이면 괜찮겠는데, 자주 도움을 취하다 보면, 힘들 수밖에 없다고 생각을 하니, 혼자 여행을 가는 게 조금은 두렵기도 합니다. 두 팔이 있다는 사실 얼마나 감사 한 일인가요. 하루는 어머니께서 무거운 짐을 들고 계셨는데, 제가 들어줄 수 없음에 가슴이 아프더라고요.

또 어머니께서 힘드실까봐 설거지를 하려고 하니, '아, 팔이 없지!'라는 생각이 들었죠. 그래도 요즘 감사해요. 가족들과 함께할 수 있다는 사실에요. 친구들과 만나는 것도 감사하죠. 친구들의 세상 사는 이야기를 들으면 재미있습니다. 별의별 상황이 다 있죠. 크게 다칠 뻔한 일도 있고 세상 부럽게 좋은 회사에 취업하는 이야기를 하기도 하죠. 힘들던 병원 생활에서는 세상이 날 버린 줄 알았는데, 세상을 얻은 거 같아요. 사람이라는 제일 좋은 선물을요. 저에게 힘들 때, "잘됐다!" "그렇게 다쳐서 고소하다!" 라고 말한 사람은 없었어요. 최소한 제가 5년간 친구들에게 들은 바로는요.

사실 지금도 가슴이 사실 뜁니다. 걱정이죠. 말로는 표현 안 되는 걱정이요. 마음 한구석에서, 나오는 두려움이요. 그럴 때 있으신가요? 걱정으로 잠이 안 오는 날 말이요. 한 번쯤은 다들 있으실 거예요. 그럴 때 이렇게 외치니 조금은, 아주 조금은 괜찮아지더라고요. 나만, 힘든 게 아니라고요. 다들 힘들다고요. 점점 병원에 가는 횟수도 줄었어요. 처음에는 병원을 간다고 일상생활을 못 했던 때가 있었죠. 꼭 한 번쯤은, '병원 생활을 계속하면 어쩌지' '약을 계속 늘리면 어쩌지.'라고 생각이 들더라고요. 약을 점차 줄이면서 힘든 상황을 매번 느끼지만 언젠가는. 약을 최소한으로 줄일 생각 하니 가슴이 두근거립니다.

아침에 아버지와 만두를 먹었습니다. 어머니가 해두고 가셨어요. 저 만두 좋아하는데요. 오늘은 물만두였어요. 먹으면서 행복하다고 느꼈어요. 그래도 오늘은 적당히 먹었죠, 전에 같으면 더 없냐고 했을 건데 말이죠. 곧 있으면 할머니 생신입니다. 친척들과 모여서 도란도란 이야기 하고 싶네요. 친척들과 함께 하는 게 힘들었던 저였는데, 이제는 친척들과 얘기하고 싶은 마음이 생기니 말이죠. 사촌형은 올지 안 올지 모르겠어요. 형수님이 임신하셨거든요.

같이 보면 좋을 거 같은데, 어쩔 수 없죠. 저는 가족, 친척이 있다는 사실에 세상 감사합니다. 역경을 뚫고 나갈 수 있잖아요. 오늘 가족에게 감사하다고 얘기 해야겠어요. 감사합니다, 어머니, 아버지라고요. 이번 어버이날에는. 비록 편지 밖에 못 주었지만, 내년에는 마음이 담긴 편지뿐 아니라. 조그마한 선물이라도 사드리고 싶어요. 받기만 했거든요.

가슴이 두근거리는 생활을 하고 싶어요. 예를 들면 매일 아침 일어나는데, 행복하게 일어날 수 있다는 사실 말이죠. 요즘 아침에 잘 일어나지더라고요. 글을 쓰면서부터인 것 같아요. 매일 저 자신을 돌아볼 수 있었고. 잘못되었던 점은 고치려, 잘된 점은 유지하려고 마음먹었죠.

예를 들면, 감사하며 살기라고 마음을 먹으니, 세상이 좋아 보이더라고요. 마음가면의 저자 브레네 브라운을 보면, 딸을 존중하죠. 어느 날, 딸과 산책하러 갔는데, 딸이 벤치에 앉아서, 고개를 뒤로 젖혔대요. 왜 그러니 하니까, 딸이

"이 좋은 느낌을 제 마음에 담으려고요."

라고 하는 얘기를 들었어요. 저도 그 글을 읽고 나도 한번 해봐야지 하고, 아침에 운동 다녀오면서, 시원한 공기를 들이마셨죠. 얼마나 좋은지요. 25년을 살면서, 해보지 못했던 순간을 느끼니, 기분이 좋아지더라고요. 한 번 해보세요. 마음이 따뜻해지더라고요. 마음 맞는 친구들과 놀러 가서 그 순간을 기억 속에 담으면, 평생 기억에 남을 거예요. 제가 친구들과 갔던 여행이 아직 기억나는 거 보면요.

아직도 기억이 납니다. 친구들과 영천에 갔던 적이요. 목소리가 멋지던 산장 주인님도 기억나네요. 같이 게임을 하다가 서로 배꼽 빠지게 웃던 모습도 생각나고요. 맛있는 고기를 먹으면서 각자의 이야기를 했던 기억도 생각나고요. 꼭 한번쯤은 마음 맞는 친구들과 여행을 다녀오는 것도 좋을 거 같아요, 저는 유럽에 꼭 한 번 가보고 싶어요. 크로아티아에 가 보고 싶어요. 생각만 해도 가슴이 뛰네요. 주황색 지붕들을 석양이 지는 곳에서 보면 세상 멋질 거 같아요. 마음 맞는 친구들과요.

각박한 세상 속에서 살아가기 얼마나 힘든지 압니다. 힘들 때도 많겠죠. 그럴 때 가슴 두근거리는 생각해보는 거 어떨까요. 놓치고 싶지 않은 마음가짐이요. 하나쯤은 마음에 품고 있는 멋진 꿈 있잖아요. 작은 것도 좋은 거 같아요. 가족과 함께할 수 있음을 감사하는 거처럼 작은 것도요. 친구들과 맛있는 음식, 먹으면서 서로 힘들었던 점 이야기하고, 이겨나갈 수 있도록 서로 힘을 줄 수 있는 만남도 좋죠. 친구들과 해외여행을 한 번 가보고 싶어요.

스페인에 가서 축구 경기도 보고 싶고요. 파리의 에펠탑을 보고 싶기도 하고 이탈리아의 피사의 사탑도 보고 싶어요. 꿈이 너무 큰가요? 언젠가 갈 수 있기를 바라면서 열심히 살아야죠.

세상이 덤벼라! 나는 이겨 나갈 수 있다. 세상아, 고맙다! 나에게 이런 시련을 느끼게 해줘서. 작은 일에 감사할 수 있게 해줘서. 고맙다고 말하고 싶어요.

사는 게 다들 힘들다는 거 압니다. 꼭 한번은 멋진 꿈을 가지고 살아가는 것도 좋지 않을까 합니다.

적어도 제 이야기를 읽는 많은 분은, 건강하시잖아요. 건강하다는 사실에 감사하기! 잊지 맙시다!

힘냅시다. 우리!

마치는 글

사고로 팔을 잃고 수도 없이 힘들었습니다. 내 인생이 송두리째 바뀌었고, 어떤 식으로 방향을 잡아가야 하는지 모르는 시점에서 힘이 되었던 지인들이 있어서 이겨 나갈 수 있었습니다. 보통 사람은 이해하기 힘든 고통도 많았어요. 갑자기 미친 듯이 가슴이 뛴다거나 힘들 때도 있었고, 환상통으로 절단된 팔 쪽으로 미친 듯이 피가 쏟아지는 느낌도 들었고요. 인대가 끊어지기 일보 직전이라서 걸을 수 있을까. 평생 뛰지도 못하나? 의사 선생님도 그러셨어요. 앞으로 평생 조심해야 한다고요. 등산가지 말고, 뛰려는 생각 하지도 말라고요. 걸을 때마다, 다리가 흔들거릴 때도 있었어요. 매일 밤 누워서 걱정, 불안 속에서 잠이 들었어요. 얼마나 힘든 시간인지 몰라요. 누군가는 그러겠죠. 뭐 그거 가지고 그러냐?

맞습니다. 어떻게 보면 별 것 아닐 수도 있죠. 그런데 하나는 깨달았어요. 저도 힘들었듯 누군가도 힘들어할 거라고요. 비록 제 상황이 보잘것 없습니다. 흔한 청년이죠. 할 수 있는 것도 많이 없고요. 그런데 적어도 누군가에게 나쁜 의도로 얘기하지 않으려고 노력해왔어요.

가장 나쁜 게 사람 마음을 가지고 장난하는 거예요. 저도 이기적이고, 저만 생각할 수가 있는데, 사람 마음으로 장난치는 건 정말 나쁜 거라고 생각합니다.

지인 분이 그러시더라고요. 부모님께 잘하라고요. 나중에 가슴에 못이 박힌다고요. 정말 아플 때, 희망이 안 보였을 때 드는 생각이 어머니께 포옹 한번 해 드릴 걸, 아버지의 말씀에 토달지 말 걸 하고 후회했습니다. 곁에 지지해 주는 지인 분들이 있다는 것에 감사했습니다. 곁에 누군가 있다는 점, 내가 하늘나라에 갈 때, 진심으로 울어주는 사람 몇 명이라도 있다면 그 사람은 인생 잘 살았다고 누가 그러더라고요.

아픔, 상처를 다 이겨낼 수는 없지만, 누군가가 이끌어주고 같이 간다면 힘이 날 겁니다. 패럴림픽을 보면 앞이 보이지 않는 선수들이 육상을 하는데, 옆에서 같이 뛰어주더라고요.

인생은 그런 것 아닐까요? 혼자만 살면 재미없습니다. 혼자만 잘나가면 재미가 없을 거라고요.

누군가가 있어야 내가 더 잘 나간다고 느끼죠. 많이 배워가고 있는 거 같아요. 인생 공부를 계속해나가는 거 같아요. 저보다 훨씬 아프고 힘들어하는 아이들이 있다는 점, 잊지 않으려고요.

꼭 한번은 그런 생각을 하곤 합니다. '몸이 온전하면, 이것보다 잘할 수 있을 텐데……' 그런데, 절대로 그럴 것 같지 않습니다. 몸이 온전하면, 또 온전한 대로, 노력 안 하고 살아가겠죠. 꿈이 없었습니다. 뭐가 되고 싶다, 목숨을 바쳐가면서 누군가를 위해 삶을 살아가는 삶을 원하지도 않았습니다. 그저 돈 많이 벌고, 그저 인생을 재미있게만 살고 싶었습니다.

눈물이 납니다. 저 자신에게 화나서요. 나는 왜 이렇게 의지박약인가? 왜 이렇게 나만 생각할까? 라고요. 외국에 가면 자기 목숨을 바쳐가면서 생명을 살리는 모습을 볼 수 있습니다. 미국에서 쌍둥이 빌딩이 무너졌을 때, 모든 사람이 뛰어 내려가는데 그중에 미치도록 뛰어 올라가는 사람들이 있었답니다. 바로 소방관이죠. 주위에 아름다운 행동이 있어서 우리 주위도 아름다워지는 거 같아요.

무서웠습니다. 너무 무서웠습니다. 이렇게 계속 살아가야 한다는 것이요. 지금은 이 상황에서 할 수 있는 것들을 하려고 노력합니다.

제게 기적이 일어났듯이 여러분들도 기적이 일어나길 간절히 빕니다. 모두가 사람인지라 항상 좋을 순 없다고 생각해요. 저도 마찬가지지만, 인간관계에서 힘들어하는 분들도 있을 거고, 아파서 힘들어하는 분들도 있을 겁니다.

서로 응원해 줬으면 합니다. 노래 중에 있잖아요.

"손에 손 잡고~ 벽을 넘어서~"

힘든 친구가 있다면 사소한 위로라도 좋을 거 같습니다. 제가 느꼈거든요,

"야, 힘내~"

라는 아주 사소한 이야기로도 아주 고마웠거든요. 저도 요즘에 마음의 여

유가 생겼는지, 제 또래 친구들이 자격증 준비를 많이 하고 있어서, 저도 잠깐 자격증 공부를 했던 적이 있어서, 응원했습니다.

"친구야, 좋은 결과 있을 거야." 라고요.

진심으로 응원해주니, 친구가 기뻐하고, 친구의 감사가 저에게 와서 배로 행복하더라고요. 우리 세상이 조금 더 밝아졌으면 하는 바람입니다. 제가 병원에 있을 때, 정말 기억에 남는 외과 교수님이 계신데요, 성함도 기억이 납니다. 울산대학교 병원 경규혁 선생님이요. 제가 왼팔이 절단돼서 병원으로 이송되었을 때, 팔을 붙이려고 할 때, 헬기를 타고 가겠다고 했답니다. 저는 나중에 부모님을 통해서 들었습니다. 선생님께서 헬기를 타고 같이 가려고 하셨다고요. 의사 선생님들 판단으로는 안 될 것 같다고 하셔서 결국 헬기를 띄우진 못했지만요.

얼마나 감사한지요, 처음 중환자실에서 안경이 없이 눈을 뜨니, 흐릿한 모습이 보였는데, 흐릿한 시야로 팔에 붕대를 감고 있던 간호사분들이 있으셨어요, 얼마나 슬프던지 소리를 미치듯이 질렀어요. 그렇게 힘들어하는데, 선생님께서 항상 오셔서, "괜찮아지고 있네요~" 라고 말씀하셨던 말씀이 마음이 미치도록 띠었던 제가 조금은, 안정되었어요. 주위에 힘든 친구가 있다면, 한 번 얘기해보는 것도 좋을 거 같아요. 잘 버티고 있다고, 나중에 맛있는 거 먹으러 가자고요.

세상을 아름답게 보기만 해도 짧은 인생이라고 책에서 읽었습니다. 저는 신이 있다면 한 번의 기회를 더 준거 같아요. 조금 더 선한 영향력을 펼치라고요.

감히 제가 누군가에게 선한 영향력을 펼칠 수 있을 거라고 생각하지 않아요. 그저 제 글을 읽고 조금이라도 힘이 될 수 있기를 바라는 마음입니다. 생명을 걸고 구조해주시는 소방관님들, 밤낮없이 수술해주시는 의사 선생님들, 응원해준 가족들에게 감사합니다. 지인들이 이런 말할 때가 기분이 좋아요. "네가 이렇게 있어줘서, 고마워~" 라고요. 그럴 때 저도 모르게 행복해지죠. 건강이 점차 회복되듯, 제 마음도 건강해져서 넓은 마음으로 아량을 베풀고 싶은 마음으로 이 글을 썼습니다.

절망 속에서 헤맬 때, 주위에 아무도 없었다면, 이겨 나가기 힘들었을 겁니다. 친구들과 싸울 필요가 없다는 것, 남을 비방할 필요도 없다는 것, 아픔으로 얻은 교훈인 것 같습니다. 험담하면 결국은 돌아온다고 하잖아요. 확실히 맞는 거 같습니다. 제가 세상을 비관적이게 보는데, 세상이 아름다울까 싶습니다.

마지막으로 외치고 싶습니다. 부족했던 저, 아팠던 저, 걱정 많았던 저에게, '이제는 마음 편하게 가지자!' 라고요.